So arbeitest du mit diesem Lehrmittel

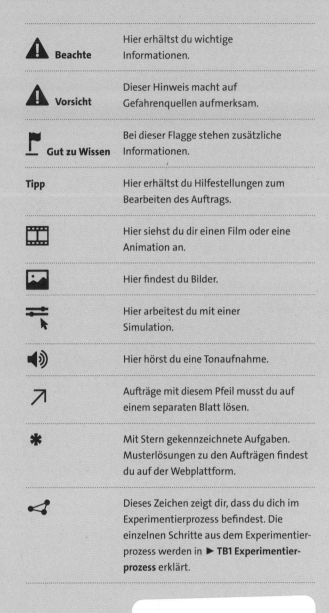

⚠ Beachte — Hier erhältst du wichtige Informationen.

⚠ Vorsicht — Dieser Hinweis macht auf Gefahrenquellen aufmerksam.

⚑ Gut zu Wissen — Bei dieser Flagge stehen zusätzliche Informationen.

Tipp — Hier erhältst du Hilfestellungen zum Bearbeiten des Auftrags.

🎞 — Hier siehst du dir einen Film oder eine Animation an.

🖼 — Hier findest du Bilder.

⚙ — Hier arbeitest du mit einer Simulation.

🔊 — Hier hörst du eine Tonaufnahme.

↗ — Aufträge mit diesem Pfeil musst du auf einem separaten Blatt lösen.

✳ — Mit Stern gekennzeichnete Aufgaben. Musterlösungen zu den Aufträgen findest du auf der Webplattform.

◁ — Dieses Zeichen zeigt dir, dass du dich im Experimentierprozess befindest. Die einzelnen Schritte aus dem Experimentierprozess werden in ▶ **TB1 Experimentierprozess** erklärt.

...perimentierprozess
...e Schritte durchlaufen
...olt werden.
...em Experimentierprozess
...en vorgehen sollt,

Das braucht ihr
– 1 Batterie 4.5 V
– 3 verschieden lange, aber gleich dicke Drähte
– 1 feuerfeste Unterlage
– 2 Kabel mit Krokodilklemmen
– 1 Kerze

...t werden soll.

Tipp

...aten? Ergänzt eure Vermutung.

Krokodilklemmen · Draht

Kabel

Batterie

⚠ Vorsicht

⚠ Vorsicht Drähte nicht berühren, sie können sehr heiss werden!

...und dann

NaTech 7 © Lehrmittelverlag Zürich AG

D1629352

7 Physik, Chemie
Biologie

NA
TECH
GRUNDLAGEN

LM
V—
—Z

Inhaltliche Projektleitung
Susanne Metzger (PH FHNW, PH Zürich)

Autorinnen und Autoren
Maja Brückmann
Simon Engel
Patrick Kunz
Lorenz Möschler
Livia Murer
Felix Weidele

Projektleitung LMVZ
Alexandra Korpiun
Daniela Rauthe
Nicholas Ditzler
Natalie Peyer
Beat Wolfensberger

Fachexpertinnen und -experten
Ueli Aeschlimann
Julia Arnold
Christina Colberg
Ruedi Küng
Cornelia Höhl
Claudia Schmellentin
Charlotte Schneider
Ulrich Schütz
Simone Studer
Urs Wagner
Markus Wilhelm

Praxisexpertinnen und -experten
Rahel Arpagaus
Nadine Gadient
Mario Hartmann
Philipp Herren
Matthias Kindlimann
Pierre Kübler
Urs Stirnimann

Rechteabklärungen
Thomas Altnöder

Gestaltung
icona basel

Fotografie Umschlag
icona basel, Christoph Gysin

Illustrationen
bildN:
Anne Seeger
Kerstin Staub
Andrea Ulrich

© 2019 Lehrmittelverlag Zürich
1. Auflage 2019
In der Schweiz klimaneutral gedruckt auf FSC-Recyclingpapier
ISBN 978-3-03713-810-6

www.lmvz.ch
Digitale Lehrmittelteile: digital.lmvz.ch

Das Werk und seine Teile sind urheberrechtlich geschützt.
Nachdruck, Vervielfältigung oder Verbreitung
jeder Art – auch auszugsweise – nur mit vorheriger
schriftlicher Genehmigung des Verlags.

ilz Koordination mit der
Interkantonalen Lehrmittelzentrale

Inhalt

1 Naturwissenschaften erkunden **5**

1.1 Naturwissenschaften in deinem Alltag **6**

1.2 Wie aus einer Erkenntnis etwas Nützliches entsteht **8**

1.3 Erkenntnisse aus der Forschung: Erfindungen und Entdeckungen ... **10**

1.4 Das Mikroskop gibt Einblick in winzige Welten **12**

1.5 Phänomene in Zellen beobachten **14**

1.6 Vom Samen zur Pflanze **16**

Teste dein Können **18**

2 Den Körper analysieren **19**

2.1 Der Mensch – mehr als nur Haut und Knochen **20**

2.2 Arm beugen, Bein strecken: Wie funktioniert das? **22**

2.3 Stoffwechsel: Weshalb musst du atmen und essen? **24**

2.4 Stoffaufnahme: Wie gelangt der Sauerstoff ins Blut? **26**

2.5 Stofftransport: Das Blut übernimmt eine wichtige Rolle **28**

2.6 Stofftransport: Der Blutkreislauf **30**

2.7 Was passiert bei einem Herzinfarkt? **33**

2.8 Stoffabgabe: Die Entsorgungssysteme des Körpers **34**

2.9 Schwangerschaft und Verhütung **36**

Teste dein Können **40**

3 Reize und Sinne untersuchen **41**

3.1 Die Welt wahrnehmen **42**

3.2 Ein Sinn allein reicht nicht **44**

3.3 Reize und Reaktionen **45**

3.4 Hören **48**

3.5 Alles, was du hörst, ist Schall **49**

3.6 So funktioniert das Gehör **50**

3.7 Wenn es zu laut ist **51**

3.8 Licht und Linsen **52**

3.9 So siehst du scharf **53**

3.10 So siehst du farbig, hell, dunkel und dreidimensional **56**

3.11 Spezielle Sinnesorgane für unterschiedliche Lebensweisen **58**

Teste dein Können **60**

4 Bewegungen erkunden **61**

4.1 Darstellen von Bewegungen **62**

4.2 Bewegungen beschreiben **64**

4.3 Die Geschwindigkeit **66**

4.4 Die gleichförmige Bewegung **68**

4.5 Die beschleunigte Bewegung 70

4.6 Die verzögerte Bewegung 71

Teste dein Können 72

5 Energie erkunden 73

5.1 Energie ist überall 74

5.2 Aus einer Energieform wird eine andere 76

5.3 Die wertvolle Energie nimmt ab 78

5.4 Energie speichern und nutzen 80

5.5 Transport von thermischer Energie 82

5.6 Energie geht nicht verloren 84

5.7 Energie clever nutzen 87

Teste dein Können 88

6 Arbeiten im Labor 89

6.1 Chemie – was ist das? 90

6.2 Regeln für die Arbeit im Labor 92

6.3 Der Gasbrenner und andere Heizquellen 94

6.4 Mit Chemikalien richtig umgehen 96

6.5 Laborgeräte richtig verwenden 98

6.6 Stoffe an ihren Eigenschaften erkennen 99

6.7 Trennverfahren im Labor 102

6.8 Trennverfahren im Alltag 104

6.9 Reinstoffe und Gemische 105

6.10 Unsere Welt besteht aus kleinen Teilchen 106

6.11 Das Teilchenmodell ermöglicht Erklärungen 108

Teste dein Können 110

7 Chemische Reaktionen untersuchen 111

7.1 Chemische Reaktionen 112

7.2 Eigenschaften von chemischen Reaktionen 114

7.3 Energie bei chemischen Reaktionen 116

7.4 Fotosynthese 117

7.5 Elemente, Verbindungen und Daltons Atommodell 118

7.6 Das Periodensystem der Elemente 120

7.7 Das Periodensystem erkunden 122

Teste dein Können 124

Register 125

Bildnachweis 127

1

Naturwissenschaften erkunden

IN DIESEM KAPITEL

... lernst du verschiedene Bereiche in Naturwissenschaften und Technik kennen.

... führst du erstaunliche Versuche durch.

... erprobst du, wie Neues herausgefunden wird.

... baust du ein einfaches technisches Gerät.

... untersuchst du Pflanzenzellen mit einem Mikroskop.

... erforschst du das Wachstum von Pflanzen.

Naturwissenschaften in deinem Alltag

▶ **AM 1.1** Gebiete der Naturwissenschaften
▶ **OM 1.1** Die Schlange des Pharao
▶ **OM 1.3** Gebiete der Naturwissenschaften
▶ **OM 1.4** Naturwissenschaftlich oder nicht?

In der Schule hast du schon einiges über Naturwissenschaften und Technik erfahren. Auch in deinem Alltag kommen Naturwissenschaften und Technik vor. Du weisst deshalb schon einiges über Naturwissenschaften und Technik. Aber sicher gibt es auch noch einiges, was du darüber wissen möchtest.

> ↗ Betrachte die Bilder auf dieser Seite. Schreibe zu jeder Frage einige Stichwörter auf ein Blatt. Lass genügend Platz zwischen den Antworten.
> Später weisst du sicher mehr, dann kannst du deine Antworten ergänzen.
>
> 1 Was kommt dir in den Sinn, wenn du an Naturwissenschaften denkst?
> 2 Welche Bedeutung hat Technik in deinem Leben?
> 3 Wie hängen Naturwissenschaften und Technik zusammen?
> 4 In welchen Berufen werden Naturwissenschaften und Technik benötigt?
> 5 Was findest du an Naturwissenschaften interessant?
> 6 Was möchtest du im NT-Unterricht lernen?

Wie aus einer Erkenntnis etwas Nützliches entsteht

▸ **AM 1.2** Drähte werden warm
▸ **AM 1.3** Handheizung oder Fussheizung bauen
▸ **TB 1** Experimentierprozess

In diesem Unterkapitel lernst du, wie in den Naturwissenschaften experimentiert wird. Mit einem Experiment kannst du etwas herausfinden. Das heisst, du gewinnst eine **Erkenntnis** aus dem Experiment. Diese Erkenntnis kannst du zum Beispiel verwenden, um etwas Nützliches zu bauen.

Emma und Luca experimentieren
Emma hantiert mit Kabeln, einer Batterie und Drähten herum.

Emma und Luca beschliessen, Lucas Vermutung mit einem Experiment zu überprüfen. Emma und Luca probieren aber nicht einfach aus. Sie gehen so vor, wie es auch Naturwissenschaftlerinnen und Naturwissenschaftler tun: Zuerst stellen sie eine Forschungsfrage. Dann vermuten sie, was die Antwort auf die Forschungsfrage sein könnte. Danach planen sie das Experiment und führen es durch. Was sie während des Experimentierens beobachten und feststellen, schreiben sie auf. Schliesslich prüfen sie nach, ob ihre Vermutung richtig war, und schreiben auf, was sie herausgefunden haben.

Dieses Vorgehen nennt man Experimentierprozess. Genauere Erklärungen zu den einzelnen Schritten des Experimentierprozesses findest du in der Toolbox (▸**TB 1 Experimentierprozess**).

⚑ **Gut zu wissen**

Es müssen nicht immer alle Schritte des Experimentierprozesses durchgeführt werden. Auch Emma und Luca lassen einige Schritte aus dem Experimentierprozess weg.

1 Schau in der Toolbox nach, welche Schritte aus dem Experimentierprozess Emma und Luca gemacht haben (▸**TB 1 Experimentierprozess**).
Vergleiche dazu die Schritte in der Toolbox mit dem Text oben.
Besprich mit jemandem aus der Klasse, welche Schritte sie durchgeführt und welche sie weggelassen haben.

2 Führe das gleiche Experiment wie Emma und Luca durch (▸**AM 1.2**).
Gehe so vor, wie es Naturwissenschaftlerinnen und Naturwissenschaftler tun.

Eine Handheizung bauen

Im Winter hat Emma oft kalte Hände und schon oft hat sie sich eine Heizung für ihre Handschuhe gewünscht. Weil sie jetzt weiss, dass mithilfe einer Batterie Drähte warm werden, kann sie eine Handheizung bauen. Im Internet findet sie ein Bild (Bild 1).

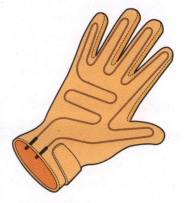

Bild 1 Eine Handheizung

> **3** Betrachte Bild 1. Besprich mit jemandem aus der Klasse, wie diese Handheizung funktioniert. Überlege noch einmal, was du beim Experiment mit den Drähten (▶ **AM 1.2**) herausgefunden hast.
>
> **4** Baue selbst eine Handheizung oder eine Fussheizung. Was du brauchst und wie du vorgehst, ist in ▶ **AM 1.3** beschrieben.

Wärme durch elektrischen Strom

Bei der Handheizung fliesst elektrischer Strom durch einen Draht. Dadurch wird der Draht heiss und gibt Wärme ab. Auch bei anderen Geräten entsteht Wärme durch elektrischen Strom, indem ein Draht warm wird. Manchmal sieht man die Drähte (Bild 2), manchmal aber auch nicht (Bild 3 und 4).

Bild 2 Toaster mit sichtbaren, glühenden Drähten

Bild 3 Föhn

Bild 4 Wasserkocher

> **5** ↗ Es gibt noch andere elektrische Geräte, die warm oder heiss werden.
>
> **a** Schreibe fünf elektrische Geräte auf, die warm oder heiss werden.
>
> **b** Welche Geräte haben deine Mitschülerinnen und Mitschüler aufgeschrieben? Vergleicht miteinander.

Früher und heute

Elektrische Geräte, die Wärme erzeugen, veränderten das Leben der Menschen. Ein Beispiel: Wenn man heute etwas kochen will, braucht man nur einen Kochherd einzuschalten. Früher musste man zuerst Holz besorgen und ein Feuer machen. Das ging zwar auch, war aber mühsamer und dauerte länger.

> **6** ↗ Schreibe weitere solche Veränderungen von früher zu heute auf.

Erkenntnisse aus der Forschung: Erfindungen und Entdeckungen

▶ **AM 1.4** Zufälle können viel verändern
▶ **TB 22** Recherchieren

Viele Entdeckungen oder Erfindungen entstehen aus Erkenntnissen aus der naturwissenschaftlichen und technischen Forschung. Sie verändern oft das Leben der Menschen. In diesem Unterkapitel findest du solche Entdeckungen und Erfindungen.

> **1** Betrachte alle Bilder auf dieser Seite und lies alle Überschriften.
>
> **2** Entscheide dich für eine Entdeckung oder Erfindung. Lies den Text dazu gut durch.

Das erste Computerprogramm

Früher musste man im Kopf oder schriftlich rechnen. Es gab noch keine Taschenrechner. Eine der ersten Rechenmaschinen war mechanisch und hiess «Analytical Engine» (Bild 1). Damit diese Rechenmaschine funktionierte, musste eine Anweisung geschrieben werden. Ada Lovelace (Bild 2) schrieb 1843 eine solche Rechenanweisung. Diese Rechenanweisung war das erste Computerprogramm.

> **Überlege:**
> Welche Geräte müssen oder können programmiert werden?

Der erste Flieger

Fliegen wollten die Menschen schon immer. Karl Wilhelm Otto Lilienthal (Bild 5) gelang es als erstem Menschen, mit einem Gerät mit Flügeln zu fliegen. Das Gerät hatte noch keinen Motor. Es glitt durch die Luft wie ein Papierflieger. Man nannte das Gerät Gleitflieger (Bild 6). Mit der Erfindung des Gleitfliegers hat Lilienthal die Grundlage geschaffen, um Flugzeuge zu bauen. Das veränderte die Art, wie wir reisen.

> **Überlege:**
> Wie reiste man vor der Erfindung der Flugzeuge?

Bild 1 Mechanische Rechenmaschine Analytical Engine
Bild 2 Ada Lovelace (1815–1852)

Bild 3 Josephine Cochrane (1839–1913)
Bild 4 Cochranes Geschirrspülmaschine

Bild 7 Wilhelm Conrad Röntgen (1845–1923)
Bild 8 Röntgenbild eines gebrochenen Unterarms

Die erste Geschirrspülmaschine

Josephine Cochrane (Bild 3) entwickelte im Jahr 1886 die erste Geschirrspülmaschine (Bild 4). Der Ingenieur George Butters half ihr dabei. Zwar gab es schon vorher andere Leute, die auch Geschirrspülmaschinen erfunden hatten. Diese Maschinen funktionierten aber nicht richtig. Die Maschine von Josephine Cochrane funktionierte hingegen perfekt.

> **Überlege:**
> Wie hat die Geschirrspülmaschine das Leben der Menschen verändert?

Die Röntgenstrahlen

Wenn jemand früher einen Arm gebrochen hatte, war es schwierig herauszufinden, wo genau der Arm gebrochen war. 1895 entdeckte Wilhelm Conrad Röntgen (Bild 7), dass es Strahlen gibt, die Gegenstände durchdringen können: die Röntgenstrahlen. Er entwickelte dann den Röntgenapparat. Damit war es zum ersten Mal möglich, in das Innere des Menschen zu schauen. So konnte man Knochenbrüche (Bild 8) und Löcher in den Zähnen sehen.

> **Überlege:**
> Wie sind wohl vorher Knochenbrüche oder Löcher in den Zähnen entdeckt worden?

3 Erzähle jemandem aus der Klasse von der Entdeckung oder Erfindung, die du dir ausgesucht hast. Erzähle auch, wie sie das Leben der Menschen verändert hat. Diskutiert zu zweit die Frage zu dieser Entdeckung oder Erfindung.

4 ↗ Erstellt in Gruppen eine Liste mit weiteren Entdeckungen oder Erfindungen. Beschreibt mit wenigen Sätzen bei jeder Entdeckung oder Erfindung, wie dadurch das Leben der Menschen verändert wurde.

5 ↗ Überlegt in der Gruppe, welche Erfindungen und Entdeckungen ihr am wichtigsten findet, und erstellt eine Rangliste. Welche haben mit Naturwissenschaften zu tun?

6 ↗ Was würdest du gerne erfinden oder entdecken? Schreibe auf, wie du vorgehen würdest.

Das Frequenzspreizverfahren (FHSS)

Das FHSS macht ein Funksignal abhörsicher. Diese Technologie wird heute für die drahtlose Datenübermittlung verwendet (WLAN, Bluetooth, GSM und mehr). FHSS wurde von George Antheil (Bild 10) und Hedy Lamarr (Bild 9) erfunden. Sie entwickelten während des Zweiten Weltkriegs (1939–1945) einen ferngesteuerten Torpedo. Eigentlich waren die beiden aber Künstler: Sie war eine berühmte Schauspielerin, er war Musikkomponist.

> Überlege: Wie hat man ohne GSM telefoniert und ohne WLAN im Internet gesurft?

Bild 9 Hedy Lamarr (1914–2000)
Bild 10 George Antheil (1900–1959)

Anfang einer weltweiten Umweltbewegung

Rachel Carson fand heraus, dass Insektenvernichtungsmittel die Natur schädigen können. Das war zuvor den meisten Menschen nicht bekannt gewesen. Viele Insektenvernichtungsmittel sind nämlich nicht nur für Insekten giftig. Auch Vögel und andere Tiere sterben daran und Menschen werden davon krank. 1962 schrieb Carson ein Buch darüber. Es hiess «Der stumme Frühling». Dieses Buch gilt als Anfang einer weltweiten Umweltbewegung und hat das Denken der Menschen über den Umgang mit der Natur verändert.

> Überlege: Warum ist der respektvolle Umgang mit der Natur wichtig?

Bild 12 Rachel Carson (1907–1964)

1942

1960

1962

Bild 11 John Rock (1890–1984) und Gregory Pincus (1903–1967)

Die Antibabypille

Durch die Erfindung der Pille konnten Frauen bestimmen, ob sie schwanger werden wollten oder nicht. Zwar gab es schon vorher Verhütungsmittel, diese waren aber nicht unbedingt sicher. Der Wirkstoff der ersten Pille wurde 1951 von Carl Djerassi und Luis E. Miramontes entdeckt. Dadurch konnten Gregory Pincus und John Rock (Bild 11) die Pille entwickeln. Seit 1960 ist sie auf dem Markt.

> Überlege: Warum ist es wichtig, dass sich Männer und Frauen um die Verhütung kümmern?

Zufällige Erfindungen und Entdeckungen

Manche Erfindungen und Entdeckungen wurden zufällig gemacht. Zum Beispiel entdeckte Wilhelm Conrad Röntgen die Röntgenstrahlen durch Zufall. Drei weitere Zufallserfindungen findest du in ▶ AM 1.4.

Das Mikroskop gibt Einblick in winzige Welten

▶ **AM 1.5** Das Mikroskop
▶ **TB 6** Mikroskopieren

Das Mikroskop ist ein wichtiges Hilfsmittel für Naturwissenschaftlerinnen und Naturwissenschaftler. Das Mikroskop wurde schon vor mehr als 400 Jahren erfunden. Aber auch noch heute wird es für das naturwissenschaftliche Arbeiten gebraucht. In diesem Unterkapitel erfährst du, wozu ein Mikroskop gebraucht wird, wie es aufgebaut ist und wie es funktioniert.

Wozu wird ein Mikroskop gebraucht?

In den Naturwissenschaften werden häufig ganz kleine Dinge untersucht, zum Beispiel ein Flügel einer Fliege, ein Haar oder ein Stück von einer Zwiebelhaut. Diese Dinge, die untersucht werden, nennt man **Objekte**. Nur mit dem Auge kann man nicht sehen, wie der Flügel einer Fliege, das Haar oder die Zwiebelhaut genau aufgebaut sind. Diese Objekte sind zu klein. Es gibt aber Hilfsmittel, um Objekte vergrössert anzuschauen. Ein Hilfsmittel ist die Lupe. Mit einer **Lupe** kann man Dinge vergrössert sehen. Deshalb kann man mit einer Lupe schon mehr erkennen als nur mit dem Auge. Noch mehr kann man mit dem Mikroskop erkennen. Mit dem Mikroskop kannst du winzig kleine Objekte stark vergrössert ansehen.

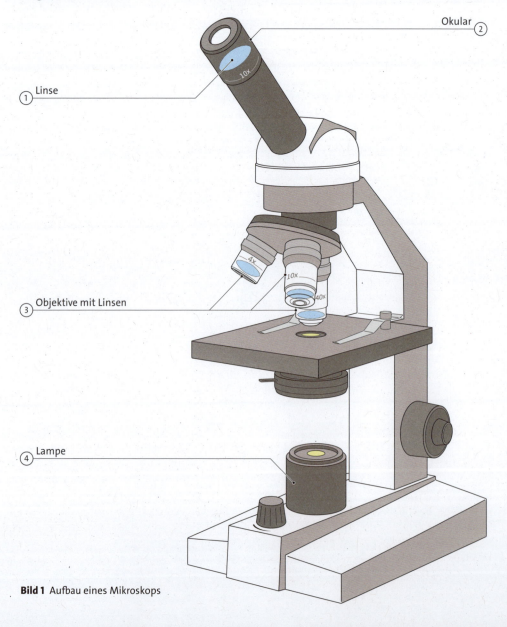

Bild 1 Aufbau eines Mikroskops

Wie funktioniert ein Mikroskop?

Im Mikroskop (Bild 1) gibt es an verschiedenen Stellen Linsen (1). Die Linsen funktionieren wie Lupen. Sie zeigen ein Objekt vergrössert. Eine Linse befindet sich im Okular (2). Das Okular ist dort, wo du hineinschaust. Auch die Objektive (3) haben Linsen. Du kannst verschiedene Objektive wählen. So kannst du verschiedene Vergrösserungen einstellen. Damit du das Objekt besser sehen kannst, gibt es auch noch eine Lampe (4). Die Lampe leuchtet von unten durch das Objekt.

> **1** ↗ Lies noch einmal die beiden Abschnitte «Wozu wird ein Mikroskop gebraucht?» und «Wie funktioniert ein Mikroskop?» durch.
> Wie unterscheidet sich eine Lupe von einem Mikroskop?
> Schreibe drei Unterschiede auf.

Wie kannst du ausrechnen, wie stark das Mikroskop vergrössert?

Wie viel Mal grösser du etwas siehst, ist am Okular und an den Objektiven angeschrieben. In Bild 1 steht auf dem Okular «10×». Das ist die **Okularvergrösserung**. Die Zahl «10×» bedeutet, dass das Okular 10-mal vergrössern kann. Auf einem der Objektive in Bild 1 steht «40×». Das ist die **Objektivvergrösserung** für dieses Objektiv. «40×» heisst, dass dieses Objektiv 40-mal vergrössern kann.

Die **Gesamtvergrösserung** des Mikroskops rechnest du so aus:

Okularvergrösserung mal Objektivvergrösserung gleich Gesamtvergrösserung

Bei Bild 1 steht auf dem Okular «10×». Stellst du das Objektiv ein, auf dem «40×» steht, dann rechnest du die Gesamtvergrösserung so aus:

$$10 \cdot 40 = 400$$

Mit dieser Einstellung siehst du das Bild unter dem Mikroskop 400-mal grösser, als es in Wirklichkeit ist.

> **2** Erklärt euch gegenseitig, wie die Gesamtvergrösserung eines Mikroskops berechnet wird.
>
> **3** ↗ Berechne für das Mikroskop von Bild 1 alle möglichen Gesamtvergrösserungen.
>
> **4** Wende dein Wissen zum Mikroskop in ▶**AM 1.5** an.

Eine Ärztin, ein medizinischer Laborant, eine Lebensmitteltechnologin oder ein Biologe arbeiten mit einem Mikroskop. Mit dem Mikroskop können sie zum Beispiel Blutproben, Lebensmittelproben oder Pilzsporen untersuchen.

Phänomene in Zellen beobachten

► **AM 1.6** Phänomene in Zellen
der Wasserpest beobachten
► **AM 1.7** Phänomene in Zellen
der Zwiebelhaut beobachten
► **OM 1.6** Plasmaströmung 🎞
► **TB 6** Mikroskopieren
► **TB 14** Zeichnung erstellen

Mit einem Mikroskop kannst du Phänomene in Zellen beobachten. Lebewesen sind aus mindestens einer Zelle aufgebaut. Die meisten Lebewesen bestehen aus sehr vielen Zellen. Zum Beispiel sind das Blatt einer Pflanze, das Herz eines Tiers, aber auch die menschliche Haut aus Zellen aufgebaut. Die meisten Zellen sind sehr klein. Sie haben eine durchschnittliche Länge von 0.01 bis 0.1 Millimetern. Das heisst, dass auf eine Länge von einem Millimeter zwischen 10 und 100 Zellen passen. Die meisten Zellen sind so klein, dass du sie weder mit blossem Auge noch mit einer Lupe sehen kannst. Um Zellen zu sehen, brauchst du ein Mikroskop.

Zellen der Wasserpest beobachten

Die Wasserpest ist eine Wasserpflanze (Bild 1). Sie kommt ursprünglich aus Nordamerika und wurde nach Europa eingeschleppt. In den europäischen Gewässern breitete sich die Wasserpest extrem schnell aus. Sie behinderte dadurch die Schifffahrt und den Fischfang und erhielt daher den Namen Wasserpest. Da sich die Wasserpest in Gewässern so schnell ausbreiten kann, solltest du ihre Blättchen nicht im Lavabo herunterspülen. Viel besser ist es, wenn du die Wasserpestblättchen im Müll entsorgst.

1 ↗ Erkläre, woher die Wasserpest ihren Namen hat.

Zelle ①
Zellwand ②
Flüssigkeit ③
Blattgrünkörner ④

0.1 mm

1 cm

Bild 1 Die Wasserpestpflanze und Zellen der Wasserpest

Die Wasserpest eignet sich besonders zum Beobachten von Zellen. Sie hat sehr dünne Blättchen, bei denen man die Zellen gut sehen kann. Wenn du ein Blättchen einer Wasserpest unter dem Mikroskop betrachtest, kannst du längliche **Zellen (1)** erkennen (Bild 1). Die Zellen werden umgeben von einer **Zellwand (2)**. Im Innern der Zellen ist eine **Flüssigkeit (3)**. Ausserdem gibt es kleine grüne Körnchen. Diese grünen Körnchen werden **Blattgrünkörner (4)** genannt. Blattgrünkörner sind in Zellen von grünen Pflanzenbestandteilen, zum Beispiel in den Blättern. In den Blattgrünkörnern wird die Strahlungsenergie der Sonne in chemische Energie umgewandelt. Dabei entstehen lebensnotwendige Stoffe.

Veränderungen bei Zellen der Wasserpest beobachten

Beobachtest du die Zellen der Wasserpest für einige Minuten unter dem Mikroskop, kannst du erkennen, dass sich die Blattgrünkörner in den Zellen verschieben (Bild 2). Dieses Phänomen zeigt, dass Zellen leben und in den Zellen bestimmte Vorgänge ablaufen. Das Verschieben der Blattgrünkörner wird durch die Flüssigkeit im Innern der Zellen ermöglicht.

Bild 2a Blattgrünkörner unter dem Mikroskop (Gesamtvergrösserung 1250×)

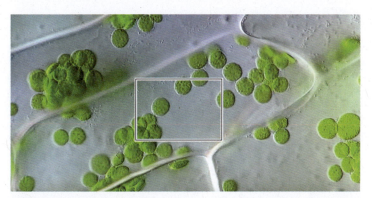

Bild 2b Blattgrünkörner aus Bild 2a unter dem Mikroskop (Gesamtvergrösserung 1250×) etwa 10 Sekunden später

2 Entdecke selbst die Bewegung der Blattgrünkörner in ▶ AM 1.6.

3 Beobachte Phänomene in Zellen der Zwiebelhaut. Bearbeite dafür ▶ AM 1.7.

Vom Samen zur Pflanze

▶ **AM 1.8** Samen erkunden
▶ **AM 1.9** Keimungsexperimente
   mit Kressesamen
▶ **OM 1.7** Beobachtungsprotokoll
▶ **TB 1** Experimentierprozess

In diesem Unterkapitel lernst du verschiedene Samen kennen. Am Beispiel des Bohnensamens kannst du den Aufbau eines Samens sehen. Zudem erfährst du, wie aus einem Samen eine kleine Pflanze entsteht.

> 1 ↗ Untersuche Vogelfutter. Betrachte dafür die verschiedenen Samen.
>   Suche Gemeinsamkeiten und Unterschiede und schreibe diese auf.
>   Kannst du einzelne Samen benennen? Schreibe die Namen dieser Samen auf.
>
> 2 ↗ Überlege: Warum wachsen die Samen in der Verpackung nicht?

Wie ist ein Bohnensamen aufgebaut?

Wenn du einen Bohnensamen genau untersuchst (Bild 1), siehst du, dass dieser von einer Haut umgeben wird. Diese Haut wird **Samenhaut (1)** genannt. Öffnest du die Samenhaut, siehst du, dass der Bohnensamen aus zwei Hälften besteht. Die zwei Hälften werden **Keimblätter (2)** genannt. Zwischen den zwei Keimblättern des Bohnensamens kannst du bereits eine **kleine Pflanze (3)** erkennen.

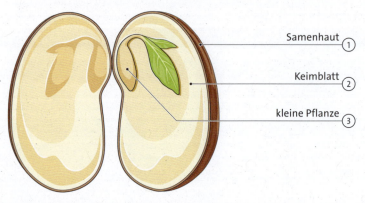

Samenhaut   ①

Keimblatt   ②

kleine Pflanze   ③

Bild 1 Geöffneter Bohnensamen

Die Gärtnerin und der Gärtner sind Profis im Umgang mit Pflanzen. Sie pflegen Pflanzen, denn sie wissen, was Pflanzen zum Leben brauchen. Beim Einsatz von Chemikalien (zum Beispiel Dünger oder Insektenschutzmittel) achten sie darauf, die Umwelt möglichst wenig zu belasten.

Die Quellung

Die Samen im Vogelfutter sind getrocknet. Solche Samen enthalten fast kein Wasser. Darum können sich daraus keine Pflanzen entwickeln. Damit eine Pflanze entstehen kann, muss der Samen zuerst viel Wasser aufnehmen. Wenn Samen Wasser aufnehmen, nennt man das **Quellung**.

Die Keimung

Nach der Quellung beginnt die Keimung. Bei der **Keimung** beginnt die kleine Pflanze langsam zu wachsen. Bei der Keimung werden verschiedene Schritte durchlaufen. Die verschiedenen Schritte kannst du in Bild 2 erkennen. Zuerst platzt die Samenhaut (1) auf. Aus der Samenhaut wächst eine kleine Wurzel (2) heraus. Die kleine Wurzel wächst immer weiter in den Boden hinein. Mit der Zeit beginnen sich kleine Seitenwürzelchen (3) zu bilden. Am oberen Ende des Samens beginnen ein Stängel (4) und kleine Blätter (5) zu wachsen.

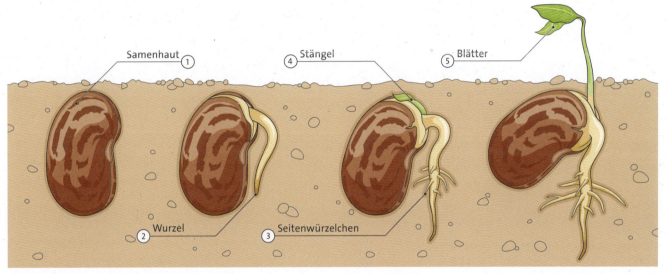

Bild 2 Verschiedene Schritte der Keimung

Die kleine Pflanze wächst weiter

Für das Wachsen braucht die Pflanze Nährstoffe. Die Nährstoffe bekommt die kleine Pflanze am Anfang aus den Keimblättern. Nach einiger Zeit sind die in den Keimblättern gespeicherten Nährstoffe aber aufgebraucht. Nun muss sich die Pflanze selbst versorgen. Dazu nimmt sie Nährstoffe aus dem Boden und aus der Luft auf. Ausserdem wandelt die Pflanze Strahlungsenergie der Sonne in chemische Energie um. Diese chemische Energie kann die Pflanze für das Wachsen nutzen.

3 ↗ Lies noch einmal den Abschnitt «Die kleine Pflanze wächst weiter» durch und erkläre, wofür die Keimblätter gebraucht werden.

4 ↗ Untersuche die Samen von verschiedenen Früchten (zum Beispiel von Avocados, Kiwis und Äpfeln). Vergleiche die Grösse und die Anzahl der Samen. Schreibe auf, welche Vorteile du bei einem grossen Samen und welche du bei vielen kleinen Samen erkennen kannst.

5 Erkunde den Aufbau von Samen. Löse dafür ▶ **AM 1.8**.

6 Experimentiere mit Kressesamen in ▶ **AM 1.9**.

Teste dein Können

1 Lies noch einmal deine Antworten auf die Fragen in Unterkapitel 1.1.
Ergänze deine Antworten, wenn möglich.

2* Rodrigo hat vier verschiedene Drähte. Alle Drähte sind gleich lang, aber unterschiedlich dick.
Er möchte herausfinden, welcher der Drähte am heissesten wird, wenn die Drähte zwischen die Pole einer Batterie gehalten werden.
Überlege, wie Naturwissenschaftlerinnen und Naturwissenschaftler das machen würden.
Beschreibe dann, wie Rodrigo vorgehen sollte.
Der Experimentierprozess hilft dir dabei:

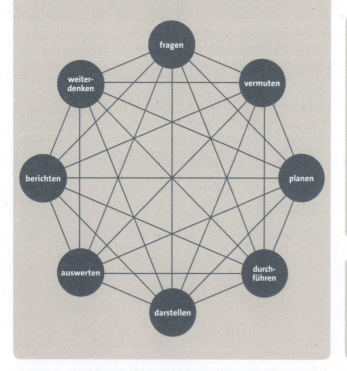

3* Lena will sich einen elektrischen Butterschneider bauen.
Beschreibe, wie sie das machen könnte.

4 Überlege und beschreibe, wie das Auto oder das Nasenspray das Leben der Menschen veränderte.

5 Anna sieht nur ein dunkles Bild unter dem Mikroskop. Erkläre, was sie möglicherweise beim Mikroskopieren falsch gemacht hat.

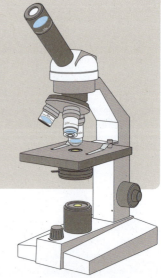

6 David hat Zwiebelhautzellen unter dem Mikroskop betrachtet. Dabei hat er eine naturwissenschaftliche Zeichnung erstellt. Beurteile seine Zeichnung anhand von ▶TB 14 Zeichnung erstellen.

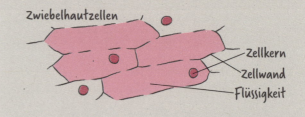

7 Laura hat die Vermutung, dass Samen schneller keimen, wenn man ihnen Wasser mit Dünger gibt. Plane ein Experiment, mit dem Laura ihre Vermutung überprüfen kann.

8 Mathis sät Kressesamen auf Watte in drei Schälchen aus. Im ersten Schälchen bleibt die Watte trocken. Im zweiten Schälchen giesst Mathis mit mehr Wasser, als die Watte aufsaugen kann. Im dritten Schälchen wird die Watte leicht angefeuchtet. Mathis wartet nun drei Tage und achtet darauf, dass die Watte in den drei Schälchen entweder trocken, nass oder feucht bleibt. Beschreibe, welche Vermutung Mathis mit dieser Vorgehensweise untersuchen kann.

2

Den Körper analysieren

IN DIESEM KAPITEL

... lernst du, wie Muskeln, Knochen und Gelenke zusammenspielen.

... gehst du der Frage nach, weshalb wir eigentlich atmen und essen.

... betrachtest du Blut unter dem Mikroskop.

... begibst du dich als Sauerstoff-Teilchen auf eine Reise durch deinen Körper.

... erfährst du, was passiert, wenn Herz, Blutkreislauf und Lunge
nicht mehr richtig funktionieren.

... setzt du dich damit auseinander, wie dein Körper Abfallstoffe entsorgt.

... lernst du verschiedene Methoden zur Verhütung einer Schwangerschaft kennen.

Der Mensch – mehr als nur Haut und Knochen

▸ **AM 2.1** Wichtige Organe unseres Körpers
▸ **AM 2.2** Welche Organe sind am wichtigsten?
▸ **OM 2.1** Umriss des Menschen

Von aussen sieht man beim Menschen vor allem Haut. Direkt unter der Haut hast du Fettgewebe und Muskeln. Muskeln brauchst du, um dich zu bewegen. Zum Bewegen brauchst du zusätzlich das Skelett. Das Skelett ist die Stütze des Körpers. Es besteht aus vielen Knochen. Damit dein Körper funktioniert, brauchst du aber auch noch Organe. Jedes Organ übernimmt ganz bestimmte Aufgaben. Die Lunge beispielsweise ist für die Atmung zuständig. Und den Magen brauchst du, um Speisen zu verdauen.

Lies alle acht Fragen durch.
Diskutiere mindestens drei Fragen mit jemand anderem aus der Klasse.

1 Weshalb ist unser Urin nicht immer gleich gelb?

2 Brauchst du alle deine Organe wirklich? Benutze ▸**AM 2.1** und ▸**AM 2.2**, um dieser Frage nachzugehen.

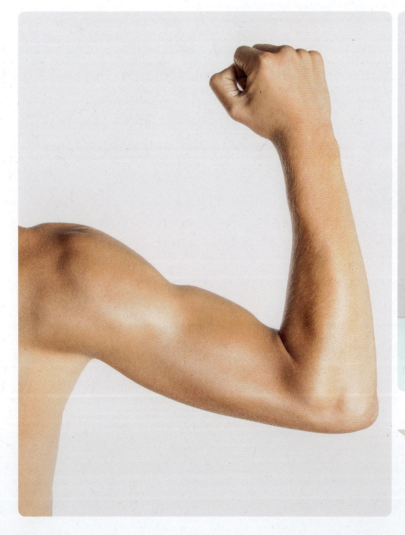

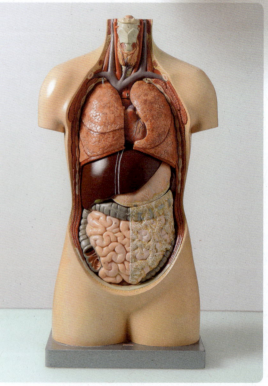

3 Wie funktioniert es, dass du deinen Arm beugen oder dein Bein strecken kannst?

5 Wie kann man verhüten?

4 Was genau passiert bei einem Herzschlag?

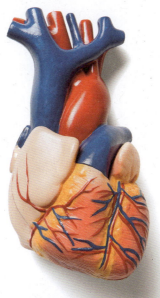

6 Weshalb müssen wir atmen?

8 Wozu dient eigentlich das Blut?

7 Woran stirbt man bei einem Herzinfarkt?

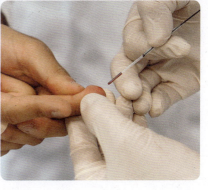

Arm beugen, Bein strecken: Wie funktioniert das?

▶ **AM 2.3** Aufgaben von Knochen:
  Mehr als nur Stützen
▶ **AM 2.4** Wenn Gegenspieler zusammen-
  spielen: Modell des Ellenbogengelenks
▶ **AM 2.5** Beim Gehen spielen
  viele Muskeln zusammen
▶ **OM 2.2** Bewegung: Ein Zusammenspiel
  von Muskeln, Knochen und Gelenken
▶ **OM 2.3** Experimente mit Knochen
▶ **OM 2.4** Oberschenkelmuskulatur 🖼
▶ **OM 2.5** Gegenspielerprinzip 🎞
▶ **OM 2.6** Verletzt!
▶ **TB 25** Modelle nutzen

Damit du dich bewegen kannst, müssen Muskeln und Knochen zusammenarbeiten. Die Muskeln sorgen für die eigentliche Bewegung. Die Knochen garantieren die Stabilität. Sie sind aber steif. Damit du dich bewegen kannst, brauchst du deshalb bewegliche Verbindungen zwischen den Knochen. Diese Verbindungen nennt man Gelenke. In diesem Unterkapitel lernst du, wie Muskeln, Knochen und Gelenke zusammenarbeiten.

Muskeln bestehen aus Muskelfasern und Proteinen

Ein grosser Teil deines Körpers sind Muskeln. Doch wie sind Muskeln eigentlich aufgebaut? Bild 1 zeigt den Aufbau eines Muskels. Der Muskel (1) besteht aus Bündeln von langen Muskelfasern (2). Die einzelne Muskelfaser (3) wiederum ist gefüllt mit Muskelproteinen.

🚩 **Gut zu wissen**

Zellen bestehen hauptsächlich aus nur vier Arten von Grundbausteinen. Die **Proteine** sind eine dieser vier Arten von Grundbausteinen. Nicht nur Muskeln sind aus Proteinen aufgebaut. Auch Knochen, Haut und viele andere Körperbestandteile bestehen zu einem grossen Teil aus Proteinen. Proteine heissen auch Eiweisse.

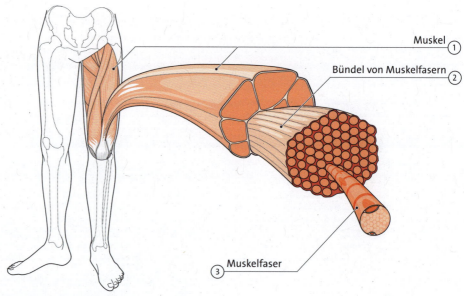

Muskel ①
Bündel von Muskelfasern ②
Muskelfaser ③

Bild 1 Aufbau eines Muskels

Knochen sind mehr als nur Stützen

Knochen stützen den Körper. Alle Knochen zusammen bilden das Knochenskelett. Das Knochenskelett ist ein stabiles Gerüst. Ohne Knochen wärst du nur ein formloser Haufen. Knochen müssen also fest sein. Sie dürfen aber nicht zu hart sein. Wenn sie zum Beispiel so hart wären wie Glas, würden sie bei einem heftigen Schlag brechen. Deswegen bestehen Knochen aus lebenden Zellen. Die Knochenzellen selbst enthalten ein Netz von biegsamen Proteinen. In dieses Netz sind harte Kristalle eingebaut.

Knochen übernehmen verschiedene Aufgaben im Körper. Wir brauchen sie, um uns zu bewegen. Einige Knochen schützen aber auch Organe wie das Gehirn, die Lunge und das Herz. Im Inneren von Knochen werden zudem Blutzellen gebildet. Mehr über die Aufgaben von Knochen erfährst du in ▶**AM 2.3**.

Gelenke brauchen wir, um uns zu bewegen

Damit du dich bewegen kannst, brauchst du Gelenke. Die Knochen können sich nicht so stark biegen, dass du zum Beispiel deinen Arm biegen kannst. Dafür brauchst du bewegliche Verbindungen zwischen den Knochen. Diese Verbindungen nennt man **Gelenke** (Bild 2).

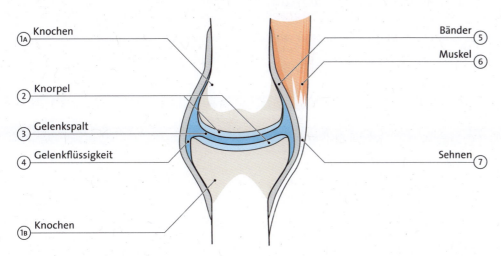

Bild 2 Aufbau eines Gelenks

In einem Gelenk grenzen zwei Knochen (1A, 1B) aneinander. Damit sich die Knochen nicht gegenseitig beschädigen, sind sie an den Enden mit weichem Knorpel (2) überzogen. Zudem ist der Gelenkspalt (3) mit zähflüssiger Gelenkflüssigkeit (4) gefüllt. So schützen Knorpel und Gelenkflüssigkeit die Knochenenden. Das ganze Gelenk wird von Bändern (5) umgeben. Bänder stabilisieren das Gelenk. Bänder sorgen dafür, dass du mit deinen Bewegungen das Gelenk nicht beschädigst. Die Bewegung selbst wird vom Muskel (6) ausgelöst. Damit du eine Bewegung ausführen kannst, muss ein Muskel (6) vom ersten Knochen (1A) über das Gelenk am zweiten Knochen (1B) befestigt sein. Der Muskel geht an seinen Enden in Sehnen (7) über. Die Sehnen sind fest mit den Knochen verbunden. Wenn sich der Muskel zusammenzieht, zieht er über die Sehne den Knochen mit.

Muskeln funktionieren nach dem Gegenspielerprinzip

Muskeln können sich zusammenziehen. Kein Muskel kann sich aber selbst wieder strecken! Um den Muskel zu strecken, ist ein anderer Muskel als Gegenspieler nötig. Das folgende Beispiel zeigt dir, wie das beim Strecken und Beugen des Beines funktioniert.

1 Lies zuerst den folgenden Text. Beobachte dann das beschriebene Zusammenspiel der Muskeln an deinem eigenen Bein.

Wenn du dein Bein streckst, spannst du den Kniestrecker (1) an. Der Gegenspieler ist der Kniebeuger (2). Dieser wird beim Strecken des Beines gedehnt. Wenn du nun das Knie beugst, zieht sich der Kniebeuger zusammen. Dieses Mal ist der Kniestrecker der Gegenspieler und wird gedehnt. Für eine Bewegung arbeiten Muskeln also immer paarweise nach dem **Gegenspielerprinzip**: Ein Muskel, der **Agonist**, zieht sich zusammen. Der Gegenspieler, der **Antagonist**, wird dabei gedehnt.

2 Wende das Gegenspielerprinzip selbst an: Plane ein Modell des Ellenbogengelenks. Bearbeite dafür ▶AM 2.4.

3 Wende mit ▶AM 2.5 das Gegenspielerprinzip auf das Gehen an.

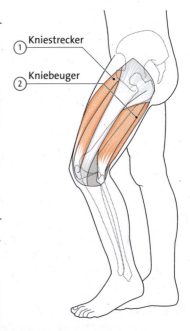

Bild 3 Das Gegenspielerprinzip am Beispiel des Kniegelenks

Stoffwechsel: Weshalb musst du atmen und essen?

▶ **AM 2.6** Was aus der Luft brauchen wir?
▶ **AM 2.7** Sauerstoff und Kohlenstoffdioxid – zwei wichtige Gase
▶ **AM 2.8** Untersuchung der Atemgase mit der Kalkwasserprobe

In diesem Unterkapitel erfährst du, warum du atmen und essen musst. Du lernst den Begriff Stoffwechsel kennen und erhältst einen Überblick über die vier zentralen Vorgänge des Stoffwechsels.

Weshalb stirbt man, wenn man nicht atmet?

1 ↗ Was passiert, wenn du die Luft anhältst?
Suche im folgenden Text nach Antworten.

Um zu leben, benötigen wir Energie: Alle unsere Zellen benötigen Energie, um zu funktionieren. Ohne Energie können sich Muskelzellen nicht zusammenziehen und Nervenzellen können keine Signale weiterleiten. Doch was hat die Energieversorgung der Zellen mit dem Atmen und dem Essen zu tun? In der Luft ist Sauerstoff enthalten. In allen Zellen deines Körpers sorgt Sauerstoff zusammen mit Stoffen aus der Nahrung dafür, dass energiereiche Stoffe entstehen. Haben Zellen nicht genügend Sauerstoff, dann haben sie auch nicht genügend energiereiche Stoffe. Dauert der Mangel an Sauerstoff zu lange, dann sterben die Zellen. Als Faustregel gilt: Werden die Zellen des Gehirns länger als drei Minuten nicht mit Sauerstoff versorgt, führt dies zu starken Schäden und man stirbt.

🚩 **Gut zu wissen**

Kohlenstoffdioxid wird im Alltag oft Kohlendioxid genannt.

Stoffumwandlung: Was passiert in den Zellen?

Über die dünnsten Blutgefässe, die Kapillaren, gelangt der Sauerstoff zusammen mit Nährstoffen und Wasser im Blut zu den Zellen. In den Zellen werden daraus Baustoffe hergestellt, um verbrauchte Zellteile zu ersetzen oder um zu wachsen. Für diese Vorgänge wird Energie benötigt. Die Energie erhalten die Zellen, indem bestimmte Nährstoffe mithilfe von Sauerstoff in energiereiche Stoffe umgewandelt werden. Als Abfallprodukte entstehen dabei unter anderem Kohlenstoffdioxid und Wasser.

Bei all den beschriebenen Vorgängen werden Stoffe umgewandelt. Sauerstoff wird aber nicht etwa in Kohlenstoffdioxid «verwandelt». Nährstoffe werden nicht in Muskelfasern «verwandelt». Die verschiedenen Stoffe werden auseinandergenommen und neu zusammengesetzt. Dadurch kann sich jede Zelle aus den gelieferten Stoffen das zusammenbauen, was sie braucht. Mehr zu Stoffen und ihren Eigenschaften erfährst du in den Kapiteln 6 und 7.

🚩 **Gut zu wissen**

Eine Infografik hilft dabei, einen Überblick über komplizierte Zusammenhänge zu erhalten. In einer Infografik sind Bilder und Texte enthalten. Die Texte erklären die Bilder und die Zusammenhänge.

Die vier zentralen Stoffwechselvorgänge

In deinem Körper werden ständig Stoffe aufgenommen, transportiert, umgewandelt und abgebaut. Dieser ständige Austausch und Umbau von Stoffen wird als **Stoffwechsel** bezeichnet. Infografik 1 gibt einen Überblick über die vier wichtigsten Stoffwechselvorgänge.

2 Verfolge in Infografik 1 den Weg der folgenden Stoffe:
Sauerstoff / Kohlenstoffdioxid / Nährstoffe / flüssige und feste Abfallstoffe.

3 Suche in Infografik 1 …
… Organe, die Stoffe **aufnehmen**.
… Organe und Flüssigkeiten, die Stoffe **transportieren**.
… Orte, wo Stoffe **umgewandelt** werden.
… Organe, die Stoffe **abgeben**.

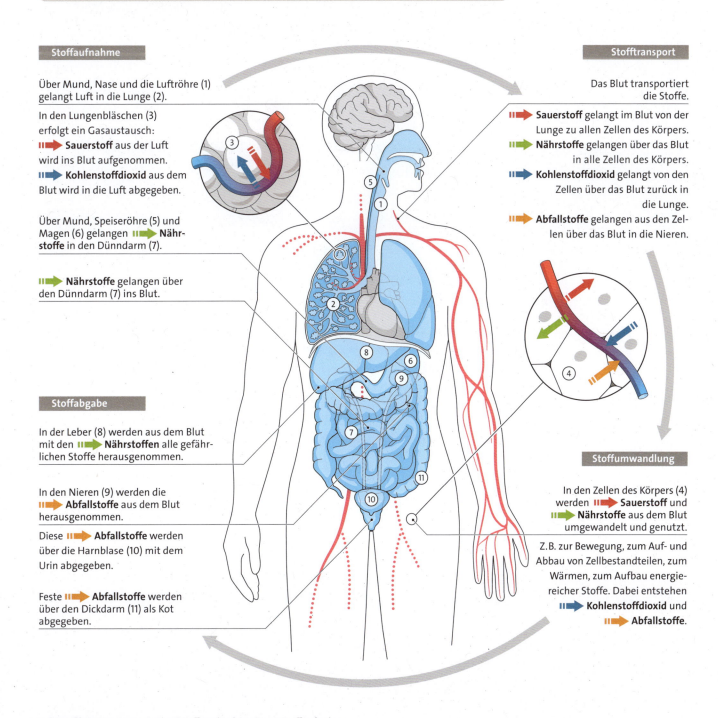

Stoffaufnahme

Über Mund, Nase und die Luftröhre (1)
gelangt Luft in die Lunge (2).

In den Lungenbläschen (3)
erfolgt ein Gasaustausch:
Sauerstoff aus der Luft
wird ins Blut aufgenommen.
Kohlenstoffdioxid aus dem
Blut wird in die Luft abgegeben.

Über Mund, Speiseröhre (5) und
Magen (6) gelangen **Nähr-stoffe** in den Dünndarm (7).

Nährstoffe gelangen über
den Dünndarm (7) ins Blut.

Stofftransport

Das Blut transportiert
die Stoffe.

Sauerstoff gelangt im Blut von der
Lunge zu allen Zellen des Körpers.

Nährstoffe gelangen über das Blut
in alle Zellen des Körpers.

Kohlenstoffdioxid gelangt von den
Zellen über das Blut zurück in
die Lunge.

Abfallstoffe gelangen aus den Zellen über das Blut in die Nieren.

Stoffabgabe

In der Leber (8) werden aus dem Blut
mit den **Nährstoffen** alle gefähr-
lichen Stoffe herausgenommen.

In den Nieren (9) werden die
Abfallstoffe aus dem Blut
herausgenommen.

Diese **Abfallstoffe** werden
über die Harnblase (10) mit dem
Urin abgegeben.

Feste **Abfallstoffe** werden
über den Dickdarm (11) als Kot
abgegeben.

Stoffumwandlung

In den Zellen des Körpers (4)
werden **Sauerstoff** und
Nährstoffe aus dem Blut
umgewandelt und genutzt.

Z.B. zur Bewegung, zum Auf- und
Abbau von Zellbestandteilen, zum
Wärmen, zum Aufbau energie-
reicher Stoffe. Dabei entstehen
Kohlenstoffdioxid und
Abfallstoffe.

Infografik 1 Die vier zentralen Stoffwechselvorgänge Stoffaufnahme,
Stofftransport, Stoffumwandlung und Stoffabgabe

Stoffaufnahme: Wie gelangt der Sauerstoff ins Blut?

▶ **AM 2.9** Ein Lungenmodell bauen

▶ **OM 2.1** Umriss des Menschen

▶ **OM 2.8** Bauchatmung und Brustatmung

▶ **OM 2.9** Weg der Atemgase, Teil 1 ▦

▶ **OM 2.10** Oberflächenvergrösserung ▦

▶ **OM 2.11** Oberflächenvergrösserung mit Berechnung ▦

▶ **TB 25** Modelle nutzen

Sich bewegen, denken, Zellen reparieren und ersetzen, den Körper warm halten: Für das alles brauchst du Energie. Deine Zellen stellen diese Energie bereit. Dafür brauchen die Zellen Nährstoffe und Sauerstoff. In diesem Unterkapitel geht es darum, wie Sauerstoff aus der Luft bis in das Blut gelangt.

Atembewegungen: Zwei verschiedene Arten, um Luft zu holen

Atmen ist ganz einfach. Du kannst es sogar im Schlaf. Doch eigentlich fehlt der Lunge etwas ganz Entscheidendes: Die Lunge besitzt keine Muskeln. Die Luftbewegungen werden indirekt durch das Zusammenspiel von verschiedenen Muskeln erzeugt. Das kannst du auf zwei verschiedene Arten erreichen: mit der **Bauchatmung** und der **Brustatmung**.

> **1** Wie funktionieren die Bauchatmung und die Brustatmung?
> Lies die Informationstexte auf ▶ **OM 2.8**.
> Teste die beiden Atmungstechniken mit deinem eigenen Körper aus.
>
> **2** Baue ein eigenes Modell der Lunge mithilfe von ▶ **AM 2.9**.

Der Weg der Luft bis in die Lungenbläschen (Bild 1)

Beim Einatmen durch Nase oder Mund geht die Luft vorbei am Rachenraum (1). Beim Kehlkopf (2) ist eine Verzweigung. Hier sorgt der Kehlkopfdeckel (3) dafür, dass die Luft in die Luftröhre (4) gelangt und die Nahrung in die Speiseröhre (5). Ist der Kehlkopfdeckel offen, kann die Luft in die Luftröhre eintreten. Etwas oberhalb des Herzens (6) verzweigt sich die Luftröhre in zwei kleinere Röhrensysteme, die Bronchien (7). Eine Bronchie führt in den linken Lungenflügel (8) und die zweite Bronchie in den rechten Lungenflügel (8). Die Bronchien verästeln sich von dieser Verzweigung an in immer feinere Bronchien. Schliesslich gelangt die Luft in die Lungenbläschen (9).

> **3** Verfolge in Bild 1 den Weg der Luft bis in die Lunge.

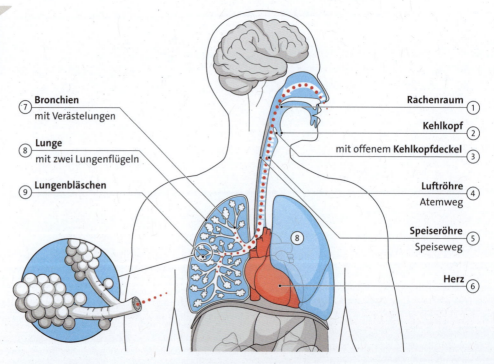

Bild 1 Der Weg der Luft von der Einatmung bis in die Lunge

Stoffaustausch: Blut und Luft tauschen Gase aus (Bild 2)

Die Lungenbläschen (1) sind von feinen Blutgefässen umgeben. Diese Blutgefässe heissen Kapillaren (2). Die Wände der Kapillaren und der Lungenbläschen sind sehr dünn. Durch diese dünnen Wände hindurch findet der Stoffaustausch zwischen dem Blut und der Luft statt. In der eingeatmeten Luft (3) ist viel Sauerstoff und wenig Kohlenstoffdioxid enthalten. Im Blut ist es gerade umgekehrt: Das Blut enthält wenig Sauerstoff und viel Kohlenstoffdioxid. Deshalb kann der Sauerstoff (4) der eingeatmeten Luft ins Blut aufgenommen werden (➡). Das Kohlenstoffdioxid (5) wird aus dem Blut in die Luft des Lungenbläschens abgegeben (➡). In der ausgeatmeten Luft (6) befindet sich deshalb viel Kohlenstoffdioxid und wenig Sauerstoff.

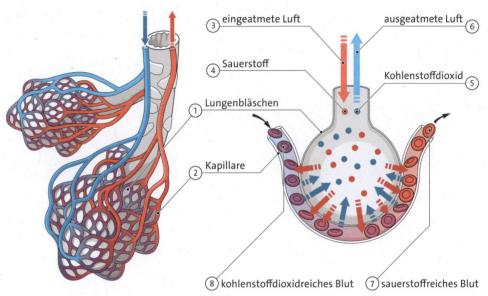

Gut zu wissen

Sauerstoffreiches Blut (7) wird in Abbildungen oft mit roter Farbe gekennzeichnet. Kohlenstoffdioxidreiches Blut (8) wird in Abbildungen oft mit blauer Farbe gekennzeichnet. In Wirklichkeit ist sowohl sauerstoffreiches als auch kohlenstoffdioxidreiches Blut rot: Sauerstoffreiches Blut ist hellrot, kohlenstoffdioxidreiches Blut ist dunkelrot.

Bild 2 Gasaustausch in einem Lungenbläschen

Wie viel Luft atmest du ein und aus?

Wenn du ruhig dasitzt, atmest du in einer Minute acht Liter Luft ein. Von diesen acht Litern Luft braucht dein Körper so viel Sauerstoff, wie in eine kleine PET-Flasche (0.5 l) passt. Diese Menge Sauerstoff entnimmt deine Lunge aus etwa acht Litern Luft. Wie schafft dein Körper das? Die Lösung liegt im Bau der Lunge und der **Oberflächenvergrösserung**: Die Lunge besteht hauptsächlich aus Lungenbläschen (Bild 2). Ein einzelnes Lungenbläschen ist winzig klein. Du hast jedoch Millionen davon. Die Oberflächen aller Lungenbläschen zusammen ergeben eine Fläche von etwa 100 m². Das ist die Hälfte eines Tennisplatzes! Weil die Oberfläche so gross ist, kann die Lunge in einer Minute so viel Sauerstoff aufnehmen. Du glaubst nicht, dass die Oberfläche der Lunge so gross wie ein halber Tennisplatz ist? Dann bearbeite ▶OM 2.10 oder ▶OM 2.11.

4 Überlegt und diskutiert zu zweit:

a Wie gross ist das Volumen eines normalen Atemzugs?

b Wie gross ist das Volumen eurer Lunge?

c Mit welchem Experiment könntet ihr die Antworten auf die beiden Fragen herausfinden?

Stofftransport: Das Blut übernimmt eine wichtige Rolle

► **AM 2.10** Blut – mehr als nur eine rote Flüssigkeit
► **AM 2.11** Blut unter dem Mikroskop
► **OM 2.12** Blutbestandteile und ihre Aufgaben
► **TB 5** Beobachten
► **TB 6** Mikroskopieren
► **TB 14** Zeichnung erstellen

Das Blut ist im Körper ein universelles Transportmittel. Aber es hat auch noch andere Aufgaben. In diesem Unterkapitel lernst du die verschiedenen Aufgaben des Bluts kennen. Du wirst sehen: Jeder Bestandteil des Bluts ist so gebaut, dass er seine Aufgabe optimal erfüllen kann.

Welche Aufgaben hat das Blut?

In Unterkapitel 2.4 hast du gesehen, wie Sauerstoff in das Blut gelangt. Nun erfährst du, wie der Weg des Sauerstoffs weitergeht. Das Blut transportiert Sauerstoff bis zu den Körperzellen. Dort wird der Sauerstoff an die Zellen abgegeben. Doch das Blut ist nicht nur für den Transport des Sauerstoffs zuständig. Das Blut hat folgende Funktionen:

- **Transport** (siehe auch Infografik 1 in Unterkapitel 2.3): Mit dem Blut werden Sauerstoff, Nährstoffe, Salze und Wasser zu den Zellen transportiert. Abfallstoffe und Kohlenstoffdioxid werden im Blut von den Zellen wegtransportiert. Weiter sorgt das Blut für eine gleichmässige Verteilung der Wärme.
- **Abwehr**: Ein Teil des Bluts ist darauf spezialisiert, Krankheitserreger und Fremdkörper unschädlich zu machen.
- **Gleichbleibende Bedingungen im Körperinneren**: Im Körperinneren dürfen sich Temperatur, Salzgehalt und vieles mehr nur wenig ändern. Sonst werden Körperzellen beschädigt. Das Blut hilft dabei, dass diese Bedingungen möglichst gleich bleiben.

Blut besteht aus vielen Bestandteilen

Einige Bestandteile des Bluts kannst du mit ►**AM 2.10** anhand von richtigem Blut anschauen.

1 Lies den Text zu den Blutbestandteilen durch.

2 ↗ Fasse von jedem Blutbestandteil zusammen:

  a besondere Eigenschaften

  b Aufgaben

  Am besten erstellst du dazu eine Tabelle.

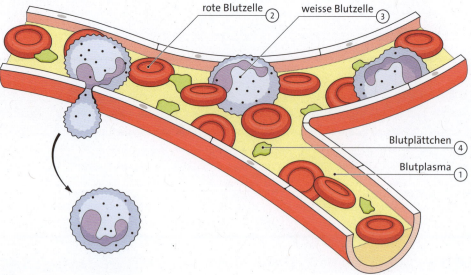

Bild 1 Die Bestandteile des Bluts

Blut setzt sich aus flüssigen und festen Bestandteilen zusammen (Bild 1). Die flüssigen Bestandteile des Bluts heissen **Blutplasma** (1). Das Blut besteht zu mehr als der Hälfte aus Blutplasma. Das Blutplasma besteht hauptsächlich aus Wasser. Weiter enthält das Blutplasma Zucker, Fette, Proteine und Salze. Das Blutplasma ist wichtig für den Stofftransport. Das Blutplasma ist auch nötig, um wichtige Bedingungen wie die Temperatur im Körper gleich zu halten.

Die festen Bestandteile des Bluts sind rote Blutzellen, weisse Blutzellen und Blutplättchen:

- Die **roten Blutzellen** (2) sind zuständig für den Transport von Sauerstoff und
  von Kohlenstoffdioxid. Rote Blutzellen sind runde Scheiben. Sie sind gefüllt mit
  einem roten Protein. Dieses Protein kann Sauerstoff transportieren.
- Die **weissen Blutzellen** (3) sind wichtig, um Krankheitserreger abzuwehren.
  Um zu den Krankheitserregern zu gelangen, verlassen sie manchmal
  sogar die Blutgefässe (Bild 1). Dazu müssen sich weisse Blutzellen selbstständig
  fortbewegen und ihre Form verändern können.
- Die **Blutplättchen** (4) sind Bruchstücke von Zellen. Blutplättchen sind dann
  wichtig, wenn du eine blutende Wunde hast. Denn Blutplättchen sind
  wichtig für die Gerinnung des Blutes. Blutplättchen sind angefüllt mit Botenstoffen. Mit **Botenstoffen** werden Signale übertragen. Kommen Blutplättchen
  mit Luft in Kontakt, setzen ihre Botenstoffe die Blutgerinnung in Gang.

Den genauen Bau der einzelnen Blutbestandteile kannst du mit blossem Auge nicht
sehen. Mit einem Mikroskop und ▶**AM 2.11** kannst du dir immerhin die roten Blutzellen
etwas genauer ansehen.

Blutgerinnung: Darum verbluten wir nicht
Ein erwachsener Mensch hat fünf bis sechs Liter Blut. Wenn ein Blutgefäss verletzt ist,
darfst du aber nicht zu viel Blut verlieren. Deshalb setzt an einer offenen Stelle eines
Blutgefässes sofort die **Blutgerinnung** ein. Die Blutgerinnung sorgt dafür, dass verletzte Blutgefässe rasch abgedichtet werden (Infografik 2).

⌐ **Gut zu wissen**

Blut ist rot, weil die roten Blutzellen
mit einem roten Protein gefüllt sind,
dem **Hämoglobin**. Das Hämoglobin
enthält einen eisenhaltigen Bestandteil. Daran bindet sich der Sauerstoff.
Um dieses Hämoglobin-Protein zu
bilden, braucht dein Körper Eisen.
Deshalb ist es wichtig, dass du mit
der Nahrung genügend Eisen zu
dir nimmst.

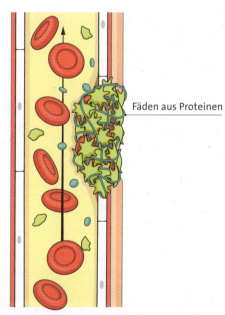

① Das verletzte Blutgefäss zieht
sich zusammen. Dadurch kann
weniger Blut ausfliessen.

② Blutplättchen, die mit Luft in
Kontakt kommen, gruppieren
sich. Sie verstopfen so die Wunde.
Zudem setzen die Blutplättchen
zahlreiche Botenstoffe frei.

③ Die Botenstoffe sorgen dafür, dass bestimmte
Proteine im Blutplasma zu langen Fäden aus
Proteinen werden. Diese Fäden bilden mit den
Blutplättchen ein Geflecht. Dieses Geflecht
trocknet schliesslich zu einer festen Kruste.

Infografik 2 Blutgerinnung in drei Schritten

Stofftransport: Der Blutkreislauf

► **AM 2.12** Herz: Da ist etwas durcheinandergeraten!
► **AM 2.13** Stofftransport: Wir haben mehr als einen Blutkreislauf
► **OM 2.1** Umriss des Menschen
► **OM 2.9** Weg der Atemgase, Teil 2 🎞
► **OM 2.13** Sektion eines Tierherzens
► **OM 2.14** Herzschlag 🎞
► **TB 12** Tabelle erstellen

In diesem Unterkapitel geht es darum, wie Sauerstoff und Nährstoffe zu den Körperzellen gelangen. Wichtig dabei ist der Blutkreislauf. Der Blutkreislauf ist der Weg, den das Blut im Körper nimmt. Der Blutkreislauf ist das Zusammenspiel von Blut, Blutgefässen und Herz.

Wir haben mehr als einen Blutkreislauf

Der Blutkreislauf setzt sich aus zwei Teilen zusammen, dem Lungenkreislauf und dem Körperkreislauf. Diese beiden Blutkreisläufe sind untrennbar miteinander verbunden.

> **1** Überlege: Was könnten die Farben in Bild 1 bedeuten? Lies dazu den folgenden Text.

Der **Lungenkreislauf (1)** beschreibt den Weg des Bluts vom Herzen zur Lunge und zurück. Vom Herzen kommt kohlenstoffdioxidreiches Blut mit wenig Sauerstoff zu den Lungenbläschen. In der Lunge nehmen die roten Blutzellen Sauerstoff auf und geben das Abfallgas Kohlenstoffdioxid ab. Wie das funktioniert, hast du in Unterkapitel 2.4 auf Bild 2 gesehen. Im Blut ist nun viel Sauerstoff. Dieses sauerstoffreiche Blut fliesst wieder zum Herzen. Das Herz pumpt das Blut nun in den Körperkreislauf.

Im **Körperkreislauf (2)** wird das sauerstoffreiche Blut in alle Teile des Körpers zu den Zellen gepumpt. Die Zellen nehmen aus dem Blut Sauerstoff und Nährstoffe auf. Gleichzeitig geben die Zellen Abfallstoffe und Kohlenstoffdioxid an das Blut ab. Im Blut ist nun wenig Sauerstoff und viel Kohlenstoffdioxid. Von den Zellen gelangt dieses kohlenstoffdioxidreiche Blut wieder zum Herzen zurück. Von hier beginnt wieder der Lungenkreislauf.

Es gibt verschiedene Blutgefässe: Arterien, Kapillaren und Venen

Die Blutgefässe haben unterschiedliche Aufgaben. Deshalb sind sie verschieden gebaut. In **Arterien** fliesst das Blut vom Herzen weg. In den Arterien des Körperkreislaufs gelangen Sauerstoff und Nährstoffe zu den Körperzellen. Die Pumpbewegung des Herzens erzeugt in den Arterien einen hohen Druck. Deswegen müssen die Wände der Arterien dick, aber dennoch dehnbar sein (Bild 2, links). In den Wänden der Arterien gibt es Muskeln. Dank dieser Muskeln sind die Arterien dehnbar. Die Muskeln regulieren auch, wie viel Blut durch die Arterien fliesst: Wenn sich die Muskeln in den Wänden der Arterien zusammenziehen, dann fliesst weniger Blut.

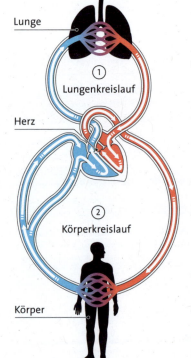

Lunge

① Lungenkreislauf

Herz

② Körperkreislauf

Körper

Bild 1 Die beiden Blutkreisläufe stark vereinfacht

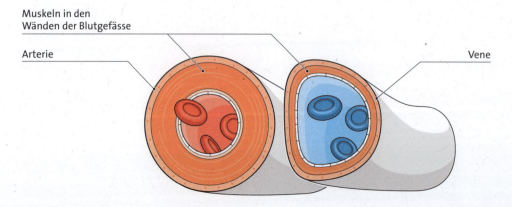

Muskeln in den Wänden der Blutgefässe

Arterie

Vene

Bild 2 Querschnitt durch eine Arterie (links) und eine Vene (rechts) im Körperkreislauf

Die Arterien gehen bei den Körperzellen in feine Kapillaren über. Kapillaren gibt es überall im Körper. **Kapillaren** sind die kleinsten Blutgefässe. In den Kapillaren (1) findet der Stoffaustausch zwischen dem Blut und den Zellen statt (Bild 3): Aus dem Blut gelangen Sauerstoff (2) und Nährstoffe (3) zu den Zellen (4). Von den Zellen gelangen Abfallstoffe (5) und Kohlenstoffdioxid (6) ins Blut. Der ganze Bau der Kapillaren ist auf diesen Austausch von Stoffen ausgerichtet: Die Wände der Kapillaren sind sehr durchlässig. Kapillaren sind mehr als zehnmal dünner als deine Haare. Darum fliessen in den Kapillaren die roten Blutzellen langsam eine hinter der anderen.

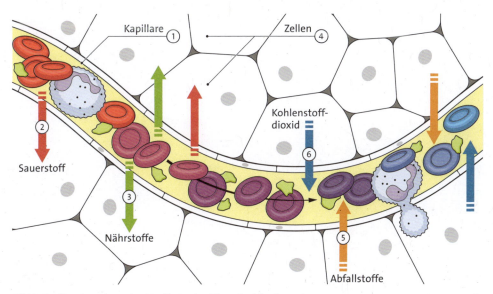

Bild 3 Stoffaustausch an den Kapillaren im Körperkreislauf

In **Venen** gelangt das Blut von den Kapillaren wieder zurück zum Herzen. Das Herz kann deshalb wenig dazu beitragen, dass sich das Blut in den Venen bewegt. Darum ist der Druck in Venen sehr niedrig. Die Wände der Venen müssen also nicht so dick sein wie die Wände der Arterien (Bild 2). Die Wände der Venen enthalten auch weniger Muskeln als die Wände der Arterien. Mit diesen wenigen Muskeln können sich die Wände der Venen im Unterschied zu Arterien nur wenig zusammenziehen.

> **2** Warum bewegt sich das Blut in den Venen, obwohl sich die Wände der Venen nur wenig zusammenziehen können? Suche im folgenden Text nach einer Antwort.

Oft liegen Venen gleich neben Arterien (Bild 2 und Bild 4). Bei jedem Herzschlag dehnt der Blutschwall die Arterie (Bild 4). Die aufgeblähte Arterie (1) drückt die danebenliegende Vene (2) zusammen. Das setzt das Blut in den Venen in Bewegung, wie wenn du einen Schlauch mit Wasser zusammendrückst. Taschenartige Klappen in den Venen, sogenannte Venenklappen (3A, 3B), sorgen dafür, dass das Blut nicht zurückfliessen kann.

> **3** Finde in Bild 1 die folgenden Blutgefässe: Lungenarterie, Lungenkapillaren, Lungenvene, Körperarterien, Körperkapillaren und Körpervenen.

(1) Arterie
(2) Vene
(3A) Venenklappe (offen)
(3B) Venenklappe (geschlossen)

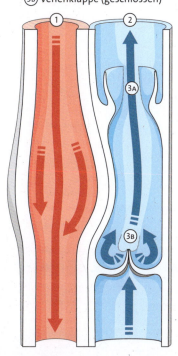

Bild 4 Arterien (rot) mit dehnbaren Wänden, Venen (blau) mit Venenklappen im Körperkreislauf

Das Herz ist eine Pumpe

Im Herz kreuzen sich der Lungenkreislauf und der Körperkreislauf. Das sauerstoffreiche Blut von der Lunge darf sich aber nicht mit dem sauerstoffarmen Blut aus dem Körper vermischen. Deshalb ist das Herz in vier Hohlräume unterteilt (Infografik 5).

4 Finde mithilfe von ▶OM 2.14 heraus, was bei einem Herzschlag passiert. Gehe so vor:

a Schau den Film einmal ganz an.

b Starte den Film ein zweites Mal. Halte den Film nach jedem Satz an.

c Finde im angehaltenen Film die wichtigsten Teile des Herzens. Benutze als Hilfe Infografik 5 und den dazugehörigen Text hier im Grundlagenbuch.

d ↗ Beschreibe, was bei einem Herzschlag passiert.

⚑ **Gut zu wissen**

Die Seiten vom Herzen werden in Bildern immer so beschriftet, wie das Herz von dir aus gesehen in deinem Körper ist.

① **Herzscheidewand**
Das Herz ist durch die Herzscheidewand (1) in eine linke (2L) und eine rechte Hälfte (2R) getrennt. Beide Herzhälften sind noch einmal unterteilt.

②R **rechte Herzhälfte** →

③R **rechter Vorhof**
Die beiden oberen Räume werden rechter und linker Vorhof (3R, 3L) genannt. Über die Hohlvene (6) und die Lungenvene (7) gelangt das Blut in die Vorhöfe und somit ins Herz.

④R **rechte Kammer**
Die beiden unteren Räume werden rechte und linke Kammer (4R, 4L) genannt. Die Kammern pumpen das Blut über die Lungenarterie (8) und die Körperarterie aus dem Herzen. Die Körperarterie wird auch Aorta genannt (9).

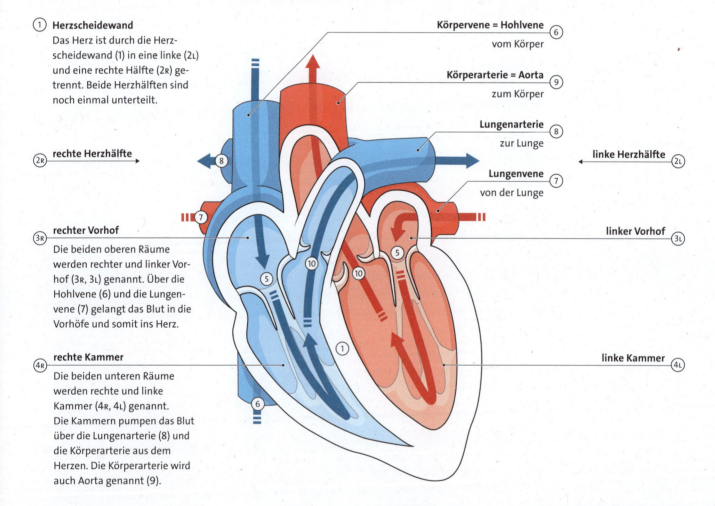

Körpervene = Hohlvene ⑥
vom Körper

Körperarterie = Aorta ⑨
zum Körper

Lungenarterie ⑧
zur Lunge

Lungenvene ⑦
von der Lunge

linke Herzhälfte ②L

linker Vorhof ③L

linke Kammer ④L

⑤ **Segelklappen**
Durch Segelklappen (5) gelangt das Blut von den Vorhöfen in die Kammern. Die Segelklappen sorgen dafür, dass das Blut nur in eine Richtung fliessen kann: aus den Vorhöfen in die Kammern, nicht jedoch von den Kammern zurück in die Vorhöfe.

⑩ **Taschenklappen**
Die Taschenklappen (10) trennen die Arterien von den Kammern. Sie sorgen dafür, dass das Blut nur in eine Richtung fliessen kann: aus den Kammern in die Arterien, nicht jedoch von den Arterien zurück ins Herz.

Infografik 5 Das Herz mit seinen vier Hohlräumen

Was passiert bei einem Herzinfarkt?

Krankheiten an Herz und Kreislauf haben zur Folge, dass das Blut nicht mehr reibungslos zu allen Zellen gelangt. Zellen, die nicht mehr gut mit Blut versorgt werden, erhalten nicht mehr genug Sauerstoff und Nährstoffe. Zellen ohne Sauerstoff und Nährstoffe können innerhalb von wenigen Minuten absterben. Krankheiten an Herz und Kreislauf können deshalb rasch das Funktionieren des Körpers beeinträchtigen. Der Herzinfarkt ist eine dieser Krankheiten. Was bei einem Herzinfarkt passiert, erfährst du in diesem Unterkapitel.

▶ **AM 2.14** Wie kommt es zum Herzinfarkt und was kann man dagegen machen?
▶ **OM 2.15** Steckbrief des Herzinfarkts
▶ **TB 23** Text lesen
▶ **TB 24** Diagramm lesen

Wenn Blut an der falschen Stelle gerinnt: Thrombosen

Die Blutgerinnung ist lebenswichtig. Die Blutgerinnung kann aber auch gefährlich werden. Denn Blut kann an der Innenwand eines Blutgefässes gerinnen. Der Fachbegriff für diese krankhafte Blutgerinnung in Blutgefässen lautet **Thrombose**. Das entstandene Blutgerinnsel selbst heisst **Thrombus**. Ein Thrombus behindert den Blutfluss oder kann das Blutgefäss sogar komplett verstopfen. Einige Zellen erhalten so weniger Sauerstoff und Nährstoffe und sterben ab. Je nach Wichtigkeit des betroffenen Blutgefässes kann eine Thrombose sich nur schwach bemerkbar machen. Oder aber eine Thrombose kann zum Tod führen. Das ist der Fall bei einem Herzinfarkt.

⚑ **Gut zu wissen**

Auch die Zellen deines Herzens müssen mit Sauerstoff versorgt werden. Das passiert durch spezielle Blutgefässe: die Herzkranzgefässe.

Was genau ist ein Herzinfarkt?

Ein Herzinfarkt kann die Folge einer Thrombose sein: Fette und Thromben verschliessen ein Herzkranzgefäss (Bild 1). **Herzkranzgefässe** (1) sind Blutgefässe, die den Herzmuskel mit Sauerstoff versorgen. Ist ein Herzkranzgefäss verstopft, bekommt ein Teil der Herzmuskeln nicht mehr genügend Sauerstoff und Nährstoffe. Diese Herzmuskelzellen beginnen nach 15 bis 30 Minuten abzusterben (2). Das führt zu lebensbedrohlichen Störungen der Herzaktivität.

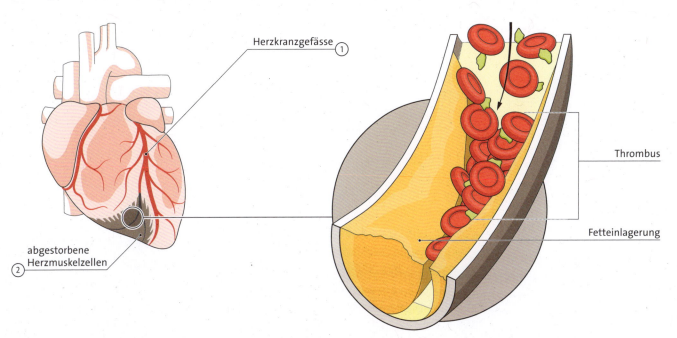

Bild 1 Herzinfarkt infolge einer Thrombose in einem Herzkranzgefäss

Stoffabgabe: Die Entsorgungssysteme des Körpers

▶ **AM 2.15** Fragen zu den Entsorgungssystemen des Körpers

Über die Lunge, den Mund und die Haut nimmt dein Körper Stoffe auf. In den Blutgefässen sowie durch den Magen und Darm werden die aufgenommenen Stoffe transportiert. In den Zellen werden die benötigten Stoffe umgewandelt und verarbeitet. In diesem Unterkapitel geht es nun um den letzten Schritt des Stoffwechsels: die Stoffabgabe. Alles, was dein Körper nicht gebrauchen kann, muss entsorgt werden. Unser Köper hat dafür mehrere Entsorgungssysteme (Bild 1).

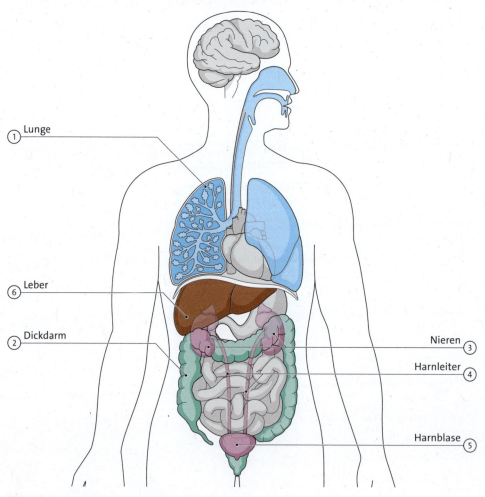

Bild 1 Entsorgungssysteme des Körpers

Lunge (1): Ausatmung der Abfallgase

Die Lunge hast du bereits im Zusammenhang mit der Stoff*aufnahme* kennen gelernt. Über die Lunge gibst du aber auch Stoffe ab. Du atmest das Abfallgas Kohlenstoffdioxid sowie Wasser in Form von Wasserdampf aus.

Dickdarm (2): Entsorgung der Feststoffe

Über den Dickdarm scheidest du feste Abfallstoffe als Kot aus. Kot besteht aus unverdaulichen Anteilen der Nahrung und Teilen von kaputten Zellen. Im Kot gibt es auch zahlreiche Bakterien: Darmbakterien machen fast ein Drittel des Kots aus. Diese Bakterien im Darm sind nicht gefährlich, sondern sogar sehr wichtig. Denn diese Bakterien helfen dir bei der Verdauung und versorgen dich mit einigen lebenswichtigen Vitaminen. Allerdings hast du manchmal auch unerwünschte Bakterien im Darm, die zum Beispiel Durchfall verursachen.

Nieren (3): Unsere Kläranlagen

Deine beiden Nieren sind aus zahlreichen kleinen Nierenkörperchen (Bild 2) aufgebaut. Die **Nierenkörperchen** sind eine Art Filteranlage. Die Nierenkörperchen filtrieren aus den Kapillaren Wasser und flüssige Abfallstoffe aus. Die herausfiltrierten Flüssigkeiten werden weiterverarbeitet zu Urin. Über die Nierenkanälchen gelangt der Urin in die Harnleiter (4) und schliesslich in die Harnblase (5).

⚑ **Gut zu wissen**

Deine Nieren sind sehr wichtig, um die Menge der Blutflüssigkeit zu regulieren. Indem die Nieren die Menge der Blutflüssigkeit steuern, regulieren die Nieren auch den Blutdruck.

- Hast du *zu viel* Blutflüssigkeit, scheiden deine Nieren mehr Wasser aus. Der Urin ist entsprechend wässrig und beinahe farblos.
- Hast du *zu wenig* Blutflüssigkeit, behalten deine Nieren Wasser zurück. Dein Urin ist dann stark konzentriert und in der Regel dunkelgelb gefärbt. Zudem wird deinem Gehirn gemeldet, dass du Durst hast.

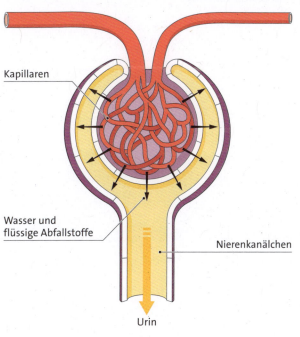

Kapillaren

Wasser und flüssige Abfallstoffe

Nierenkanälchen

Urin

Bild 2 Ein Nierenkörperchen

Leber (6): Die Entgiftungsstation

Deine Leber macht gefährliche Stoffe wie Gifte, Drogen und Alkohol unschädlich. Deshalb fliesst das Blut vom Darm zuerst zur Leber. In der Leber wird das Blut entgiftet, bevor es in den Blutkreislauf gelangt. Deine Leber baut auch defekte Zellen ab. Wasserlösliche Abbauprodukte werden der Niere zur Ausscheidung weitergeleitet. Fettlösliche Abfälle werden über den Darm im Kot entsorgt.

Die Leber hat noch weitere wichtige Aufgaben: Die Leber produziert den Gallensaft. Der Gallensaft spielt eine wichtige Rolle bei der Aufnahme von lebenswichtigen Fetten aus der Nahrung.

 Vorsicht

Lang andauernder Alkohol- oder Drogenmissbrauch kann die Leber stark schädigen (Bild 3). Die Leber kann dann ihre Arbeit nicht mehr erfüllen, was in der Regel zum Tod führt.

Bild 3 Links: gesunde Leber; rechts: durch Alkoholmissbrauch zerstörte Leber

Schwangerschaft und Verhütung

▶ **AM 2.16** Die Verhütungsmethoden
  im Überblick
▶ **AM 2.17** Verhütung, gewusst wie!
▶ **AM 2.18** Wahl eines Verhütungsmittels
▶ **OM 2.16** Fragen und Antworten
  zur Verhütung
▶ **OM 2.17** So weit würde ich gehen
▶ **TB 18** Schriftlich präsentieren
▶ **TB 24** Diagramm lesen

Menschen können selbst durch Verhütungsmassnahmen beeinflussen, ob es zu einer Schwangerschaft kommt. Darum geht es in diesem Unterkapitel.

Schwanger werden: Aus Eizelle und Spermium wird ein Embryo

Für eine sexuelle Fortpflanzung sind Eizellen und Spermien nötig. **Eizellen** sind die weiblichen Geschlechtszellen und **Spermien** sind die männlichen Geschlechtszellen. Um schwanger zu werden, muss eine Befruchtung stattfinden. Bei der **Befruchtung** vereinigen sich ein Spermium und eine Eizelle.

> **1** Erläutere mithilfe von Infografik 1 den Weg der Spermien. Beginne mit der Bildung der Spermien in den Hoden. Beende deine Beschreibung mit dem Ausstoss der Spermien aus dem Penis bei einem sexuellen Höhepunkt.

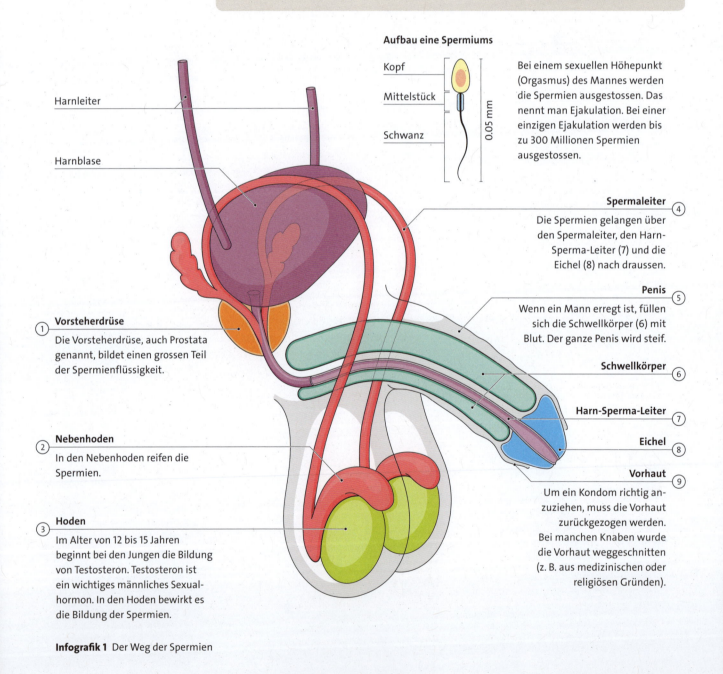

Aufbau eine Spermiums

Kopf

Mittelstück

Schwanz

0.05 mm

Bei einem sexuellen Höhepunkt (Orgasmus) des Mannes werden die Spermien ausgestossen. Das nennt man Ejakulation. Bei einer einzigen Ejakulation werden bis zu 300 Millionen Spermien ausgestossen.

Harnleiter

Harnblase

Spermaleiter ④
Die Spermien gelangen über den Spermaleiter, den Harn-Sperma-Leiter (7) und die Eichel (8) nach draussen.

Penis ⑤
Wenn ein Mann erregt ist, füllen sich die Schwellkörper (6) mit Blut. Der ganze Penis wird steif.

Schwellkörper ⑥

Harn-Sperma-Leiter ⑦

Eichel ⑧

① **Vorsteherdrüse**
Die Vorsteherdrüse, auch Prostata genannt, bildet einen grossen Teil der Spermienflüssigkeit.

Vorhaut ⑨
Um ein Kondom richtig anzuziehen, muss die Vorhaut zurückgezogen werden. Bei manchen Knaben wurde die Vorhaut weggeschnitten (z. B. aus medizinischen oder religiösen Gründen).

② **Nebenhoden**
In den Nebenhoden reifen die Spermien.

③ **Hoden**
Im Alter von 12 bis 15 Jahren beginnt bei den Jungen die Bildung von Testosteron. Testosteron ist ein wichtiges männliches Sexualhormon. In den Hoden bewirkt es die Bildung der Spermien.

Infografik 1 Der Weg der Spermien

2 Beschreibe mithilfe von Infografik 2 den Weg der Eizellen.
Beginne mit der Bildung der Eizellen in den Eierstöcken.
Beende deine Beschreibung in der Gebärmutter.

3 Beschreibe mithilfe von Infografik 2 den Vorgang der Befruchtung.

🚩 Gut zu wissen

– Nach dem Eisprung kann eine Eizelle nur innerhalb von 24 Stunden befruchtet werden.
– Spermienzellen überleben bis zu vier Tage in der Scheide und der Gebärmutter. An der Luft sterben Spermien jedoch innerhalb von Minuten ab.

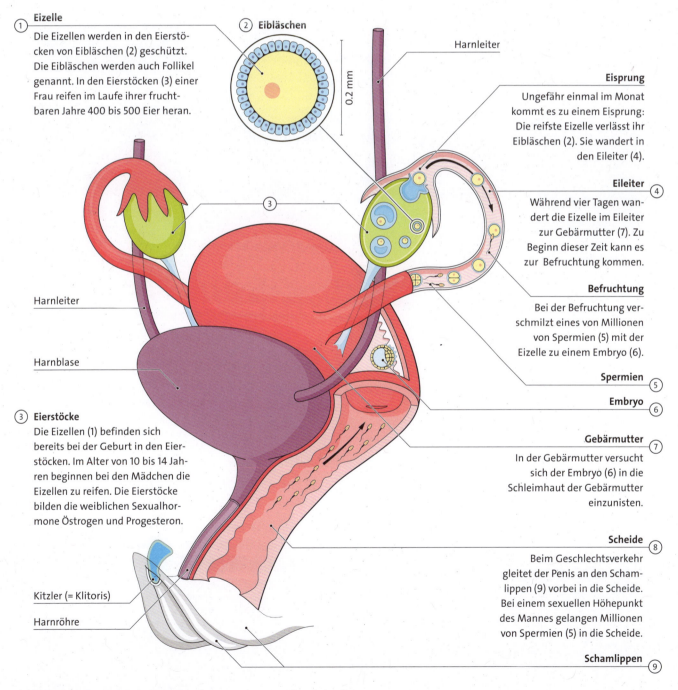

Eizelle
① Die Eizellen werden in den Eierstöcken von Eibläschen (2) geschützt. Die Eibläschen werden auch Follikel genannt. In den Eierstöcken (3) einer Frau reifen im Laufe ihrer fruchtbaren Jahre 400 bis 500 Eier heran.

② **Eibläschen**

0.2 mm

Harnleiter

Eisprung
Ungefähr einmal im Monat kommt es zu einem Eisprung: Die reifste Eizelle verlässt ihr Eibläschen (2). Sie wandert in den Eileiter (4).

Eileiter ④
Während vier Tagen wandert die Eizelle im Eileiter zur Gebärmutter (7). Zu Beginn dieser Zeit kann es zur Befruchtung kommen.

Befruchtung
Bei der Befruchtung verschmilzt eines von Millionen von Spermien (5) mit der Eizelle zu einem Embryo (6).

Harnleiter

Harnblase

Spermien ⑤

Embryo ⑥

③ **Eierstöcke**
Die Eizellen (1) befinden sich bereits bei der Geburt in den Eierstöcken. Im Alter von 10 bis 14 Jahren beginnen bei den Mädchen die Eizellen zu reifen. Die Eierstöcke bilden die weiblichen Sexualhormone Östrogen und Progesteron.

Gebärmutter ⑦
In der Gebärmutter versucht sich der Embryo (6) in die Schleimhaut der Gebärmutter einzunisten.

Scheide ⑧
Beim Geschlechtsverkehr gleitet der Penis an den Schamlippen (9) vorbei in die Scheide. Bei einem sexuellen Höhepunkt des Mannes gelangen Millionen von Spermien (5) in die Scheide.

Kitzler (= Klitoris)

Harnröhre

Schamlippen ⑨

Infografik 2 Der Weg der Eizellen

Gut zu wissen

Hormone sind Botenstoffe des Körpers. **Sexualhormone** spielen eine wichtige Rolle bei der Bildung der Geschlechtszellen und beim Menstruationszyklus. Sexualhormone beeinflussen aber auch die Gefühle.

Mens, Tage, Periode, Regel

Die **Menstruationsblutung** tritt bei Frauen in mehr oder weniger regelmässigen Abständen ein. Menstruationsblutungen sind völlig normal. Die Blutungen sind nichts Schmutziges oder gar Gefährliches. Im Gegenteil: Ohne diese Blutungen gibt es keine Fortpflanzung. Denn diese Blutungen sind Teil des Menstruationszyklus. Der **Menstruationszyklus** hat zwei wichtige Aufgaben: erstens reife Eier in den Eierstöcken bereitzustellen und zweitens optimale Bedingungen für die Einnistung einer befruchteten Eizelle zu schaffen.

Die **Einnistung** einer befruchteten Eizelle geschieht in der Gebärmutter (Bild 2). Die Wand der Gebärmutter besteht aus Schleimhaut. Diese Schleimhaut wird im Laufe eines Zyklus so aufgebaut, dass sich darin eine befruchtete Eizelle einnisten kann. Erfolgt keine Befruchtung, löst sich die Eizelle auf. Die Gebärmutter stösst die Schleimhaut ab. Bei der Menstruationsblutung fliesst also nicht nur Blut aus. Es werden auch Teile der alten Schleimhaut ausgestossen.

In Bild 3 sind verschiedene Vorgänge während des Menstruationszyklus dargestellt. In der obersten Zeile (Zyklustag) siehst du die Dauer des Zyklus. Die Zyklusdauer unterscheidet sich von Frau zu Frau. Die Zyklusdauer kann zwischen 25 und 35 Tagen betragen.

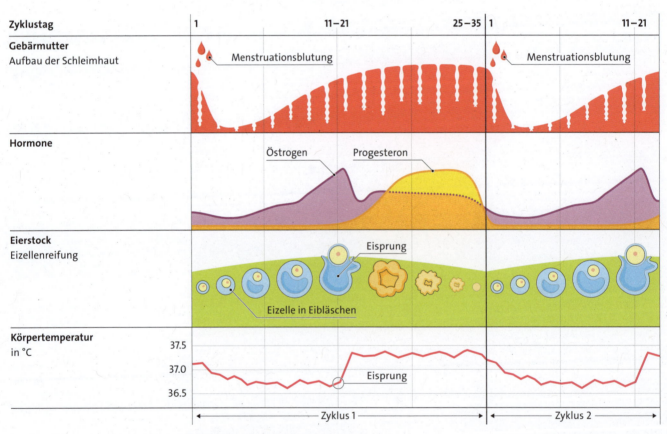

Bild 3 Der Menstruationszyklus

In der zweiten Zeile von Bild 3 (Gebärmutter) siehst du die Veränderungen der Gebärmutterschleimhaut. Die Zählung der Zyklustage beginnt mit der Menstruationsblutung. Danach wächst die Schleimhaut, bis sie mit der nächsten Blutung ausgestossen wird.

Die dritte Zeile von Bild 3 (Hormone) zeigt die Veränderungen der beiden weiblichen Sexualhormone. Betrachte diese Kurven zusammen mit der vierten Zeile (Eierstock):

Je mehr Östrogen es gibt, desto reifer werden die Eier. Bei der höchsten Östrogen-Konzentration findet der Eisprung statt. Die Zeit zwischen Eisprung und erneuter Menstruation dauert unabhängig von der Zyklusdauer immer 14 Tage.

In der dritten Zeile von Bild 3 (Hormone) siehst du auch: Nach dem Eisprung wird Progesteron aktiv. Progesteron hat folgende Wirkungen: 1. Die Schleimhaut der Gebärmutter wird auf das Einnisten vorbereitet. Das siehst du in der zweiten Zeile (Gebärmutter): Die Schleimhaut wird immer dicker. 2. Der Schleim in der Scheide wird für Spermien beinahe unpassierbar. 3. Progesteron sorgt über Umwege dafür, dass weniger Eier heranreifen und kein weiterer Eisprung erfolgt. 4. Die Körpertemperatur steigt um ein knappes Grad Celsius an. Das siehst du in der untersten Zeile (Körpertemperatur).

Verhütung angepasst an deine Lebenssituation

Bei der Verhütung geht es darum, eine Schwangerschaft zu vermeiden. Eine Schwangerschaft lässt sich vermeiden, wenn man eine Befruchtung verhindert. Eine Befruchtung wird verhindert, wenn das Aufeinandertreffen eines Spermiums auf eine reife Eizelle verhindert wird. Es lässt sich auf zahlreiche verschiedene Arten verhüten. Jede Art der Verhütung hat ihre Vor- und Nachteile.

4 «Auch wenn es die Frau ist, die schwanger wird: Um die Verhütung müssen sich Jungs und Mädchen kümmern!»
Diskutiert zu zweit, warum diese Aussage richtig ist. Welche Gründe könnte jemand nennen, der meint, dass diese Aussage nicht richtig ist?
↗ Haltet die wichtigsten Punkte eurer Diskussion schriftlich fest.

5 Betrachte die Tabelle mit verschiedenen Verhütungsmethoden auf ▶ **AM 2.16**.

a Welche der Verhütungsmethoden sind dir bekannt?
Wie sicher schätzt du sie ein?

b Wähle eine der Verhütungsmethoden aus.
Suche im Internet nach Antworten zu den Fragen in ▶ **AM 2.17**.

c Fasse deine Ergebnisse schriftlich zusammen.
Nutze dabei die Fragen von ▶ **TB 18 Schriftlich präsentieren**.

Die Wahl der Verhütungsmethode hängt von der Lebenssituation ab. Zum Beispiel:

- Bei oft wechselnden Partnerschaften benutzt man am besten ein Kondom.
Denn das schützt auch vor HIV und anderen Geschlechtskrankheiten.
- In einer festen Partnerschaft sind niedrig dosierte Hormonpräparate wie zum Beispiel die Pille sinnvoll.
- Wenn kein Kinderwunsch (mehr) vorhanden ist, kann die Sterilisation des Mannes eine Möglichkeit sein.

6 Welches Verhütungsmittel würdest du wählen?
Die Fragen von ▶ **AM 2.18** helfen dir bei deinen Überlegungen.

Drogistinnen und Drogisten verkaufen zahlreiche medizinische Produkte. Sie beraten ihre Kundschaft bei Fragen zur Gesundheit und Verwendung von Medikamenten. Drogistinnen und Drogisten geben auch Ratschläge zu Körperpflege, Schönheit und so weiter. Zudem stellen sie selbst pharmazeutische und kosmetische Produkte her.

Teste dein Können

1* Das Bild zeigt ein Modell eines Gelenks. Was ist daran falsch? Notiere die Fehler. Schreibe dazu, wie es korrekt wäre.

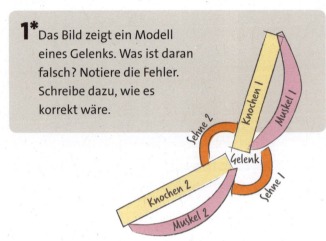

2 Ordne die Nummern der Beschreibungen den vier Stoffwechselvorgängen (Aufnahme, Transport, Umwandlung, Abgabe) korrekt zu.

A Sauerstoff wird von der Lunge zu den Körperzellen transportiert.

B Aufgenommene Nahrungsmittel werden in Stoffe umgebaut, die dein Körper braucht.

C Mit der Nahrung nimmst du energiereiche Stoffe zu dir.

D Über die Lunge atmest du Kohlenstoffdioxid aus.

E Dinge, die dein Körper nicht mehr gebrauchen kann, werden ausgeschieden.

F Das Blut transportiert flüssige Abfallstoffe zu den Nieren.

G Der Sauerstoff wird von den Zellen verwendet, um energiereiche Stoffe herzustellen.

H In der Lunge wird Sauerstoff in das Blut aufgenommen.

3 Weshalb müssen wir atmen und essen? Verwende in deiner Erklärung die Stoffwechselvorgänge Aufnahme, Transport und Umwandlung.

4 Stimmt die folgende Aussage? «Blut in den Arterien ist immer reich an Sauerstoff. Blut in den Venen hingegen hat immer wenig Sauerstoff.» Begründe deine Antwort.

5 Es gibt den Lungenkreislauf und den Körperkreislauf. Haben wir zwei getrennte, geschlossene Blutkreisläufe? Begründe deine Antwort.

6 Erkläre das Prinzip der Oberflächenvergrösserung anhand des Baus der Kapillaren. Vergleiche dazu auch den Bau der Kapillaren mit dem Bau der Lungenbläschen in Unterkapitel 2.4.

7 Das Herz ist so gebaut, dass es seine Aufgabe optimal erfüllen kann.

a Weshalb ist die Wand der linken Herzkammer viel kräftiger als die Wand der rechten Kammer?

b* Was passiert, wenn in der Wand zwischen den Vorhöfen oder den Kammern ein Loch ist?

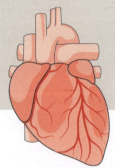

8 Weshalb ist unser Urin nicht immer gleich gelb?

9 Es gibt zwei grundlegende Möglichkeiten, eine Schwangerschaft zu vermeiden:

a Verhindern, dass Spermien zu den Eizellen gelangen.

b Verhindern, dass es zu einem Eisprung kommt.

Welche dieser beiden Möglichkeiten nutzen die verschiedenen Verhütungsmethoden? Ordne Verhütungsmethoden, die du kennst, den beiden Möglichkeiten zu.

3

Reize und Sinne untersuchen

IN DIESEM KAPITEL

... erprobst du, wie wichtig das Zusammenspiel der Sinnesorgane ist.

... beschreibst du, wie Reize Reaktionen auslösen können.

... lernst du, was Reflexe sind, wie sie entstehen und welche Aufgaben sie haben.

... findest du heraus, was Schall ist, wie unser Ohr funktioniert
und wie Gehörschäden entstehen.

... entdeckst du, wie das Auge funktioniert und warum manche Leute
eine Brille brauchen.

... lernst du, dass manche Tiere noch andere Sinnesorgane als Menschen haben.

Die Welt wahrnehmen

Deine Sinnesorgane ermöglichen es dir, die Welt um dich herum wahrzunehmen. Mit den Augen kannst du sehen und mit den Ohren hören. Mit der Nase kannst du riechen und mit dem Mund schmecken. Mit der Haut kannst du fühlen und mit dem Gleichgewichtsorgan feststellen, ob du dich bewegst, stehst oder liegst. Die Sinnesorgane nehmen Reize wahr. Reize sind zum Beispiel Licht, Geräusche, Gerüche, ein Geschmack oder Hitze. Wenn Sinnesorgane Reize aufnehmen, werden Reaktionen ausgelöst. Wenn dir zum Beispiel kalt ist, beginnst du zu zittern. Oder wenn du etwas Lustiges siehst, musst du lachen.

1 ↗ Betrachte alle Bilder. Beschreibe verschiedene Sinnesreize, die du darauf erkennst.

2 ↗ Beschreibe verschiedene Reaktionen auf die Sinnesreize, die du gerade notiert hast.

3 ↗ Überlege und beschreibe, was du verpassen würdest, wenn du nicht riechen könntest.

4 ↗ Beschreibe Situationen in den Bildern, die dem Gehör oder den Augen schaden.

5 ↗ Überlege und beschreibe, wie der Raubvogel, der Hund, die Katze und der Fisch die Welt wahrnehmen.

WUNDER-
BAUM
®

Moschus

Ein Sinn allein reicht nicht

▶ **AM 3.1** Getränke testen

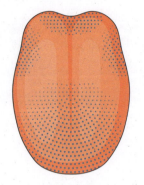

Bild 1 Die Geschmackssinneszellen sind vor allem in den blau dargestellten Bereichen auf der Zunge.

🚩 **Gut zu wissen**

Umami ist japanisch und bedeutet so viel wie «fleischig, herzhaft».

Mit den Sinnen nimmst du die Welt um dich herum wahr. Es ist dabei wichtig, dass deine Sinne zusammenarbeiten. In diesem Unterkapitel lernst du, warum das wichtig ist. Du lernst auch, womit du schmeckst und riechst, was das Aroma von Essen ist und wie du das Aroma von Essen wahrnehmen kannst.

Das Aroma

Stell dir vor, du nimmst einen grossen Bissen einer Pizza. Die Zutaten vermischen sich in deinem Mund und ergeben das leckere Aroma der Pizza.

> **1** Womit kannst du das Aroma von Nahrungsmitteln wahrnehmen? Besprich deine Vermutung mit jemandem aus der Klasse.
>
> **2** Führt zu zweit das Experiment in ▶ **AM 3.1** durch und findet heraus, ob eure Vermutung richtig war.

Schmecken und riechen

Geschmack nimmst du im Mund wahr, und zwar vor allem mit der Zunge. Auf der Zunge gibt es viele Sinneszellen. Diese Sinneszellen sind aber nicht überall auf der Zunge. Die meisten Sinneszellen sind auf der vorderen Hälfte der Zunge. Das siehst du auf Bild 1.

Menschen können mindestens fünf Geschmacksrichtungen wahrnehmen. Diese fünf Geschmacksrichtungen sind süss, sauer, salzig, bitter und umami. Jede Sinneszelle auf der Zunge nimmt genau eine dieser Geschmacksrichtungen wahr. Überall auf der Zunge, wo sich Geschmackssinneszellen befinden, können die fünf Geschmacksrichtungen gleich intensiv wahrgenommen werden.

Gerüche nimmst du nur mit der Nase wahr (Bild 2). Denn nur in der Nase gibt es Geruchssinneszellen (1). Mit diesen Geruchssinneszellen kannst du tausende unterschiedliche Gerüche wahrnehmen. Gerüche kommen auf zwei verschiedenen Wegen zu den Geruchssinneszellen: 1. Gerüche kommen von aussen (2) durch die Nasenlöcher in die Nase. Das ist zum Beispiel so, wenn du an einer Blume, einem Parfüm oder Essen riechst. 2. Gerüche kommen auch vom Mund (3) durch den Rachen (4) in die Nase. Wenn du etwas isst, kommen so die Gerüche des Essens durch den Rachen zu den Geruchssinneszellen.

Damit du etwas riechen kannst, muss die Nase frei sein. Wenn die Nase verstopft ist, kommen nur wenige Geruchsstoffe zu den Geruchssinneszellen. Darum kannst du nicht gut riechen, wenn deine Nase verstopft ist.

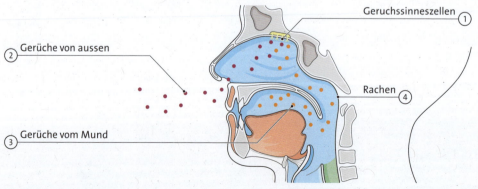

Bild 2 Gerüche kommen auf zwei Wegen zu den Geruchssinneszellen.

Reize und Reaktionen

Mit deinen Sinnesorganen nimmst du Reize wahr. Wenn du einen Reiz wahrnimmst, löst dieser Reiz eine Reaktion aus. Wenn du zum Beispiel feines Essen riechst, bekommst du Lust darauf. In diesem Unterkapitel lernst du, was dabei in deinem Körper passiert und dass es verschiedene Arten von Reaktionen gibt.

▶ **AM 3.2** Reflexe und ihre Aufgaben
▶ **AM 3.3** Zwei verschiedene Arten der Reizverarbeitung
▶ **OM 3.2** Das Nervensystem
▶ **OM 3.3** Zwei verschiedene Arten der Reizverarbeitung
▶ **TB 17** Erklärfilm produzieren

Das Reiz-Reaktions-Schema

In Infografik 1 kannst du lesen und sehen, was in deinem Körper passiert, wenn ein Reiz eine Reaktion auslöst.

1. Reize werden von den Sinnesorganen in **Nervenimpulse** umgewandelt. Nervenimpulse kannst du dir als kurze, schwache, elektrische Stromstösse vorstellen.

2. Empfindungsnerven leiten Nervenimpulse von den Sinnesorganen ins Rückenmark. Durch das Rückenmark werden die Nervenimpulse ins Gehirn geleitet.

3. Das **Gehirn** überprüft die Nervenimpulse und trifft eine Entscheidung. Dann sendet das Gehirn neue Nervenimpulse aus.

4. Diese neuen Nervenimpulse werden durch das Rückenmark geleitet. **Bewegungsnerven** leiten die Nervenimpulse vom Rückenmark zu den Muskeln.

5. In den **Muskeln** werden die Nervenimpulse in Bewegung umgewandelt.

| Reiz | Reizleitung | Reizverarbeitung | Reizleitung | Reaktion |

Beispiel
Du siehst und riechst einen Muffin. Diese Reize werden von den Sinneszellen in den Augen und in der Nase in Nervenimpulse umgewandelt.

Durch Empfindungsnerven und das Rückenmark gelangen die Nervenimpulse ins Gehirn.

Im Gehirn werden die Nervenimpulse beurteilt. Du entscheidest dich, den Muffin zu nehmen.

Durch das Rückenmark und Bewegungsnerven gelangen die Nervenimpulse in die Muskeln deines Arms und deiner Hand.

Dein Arm und deine Hand bewegen sich und du nimmst den Muffin in die Hand.

Infografik 1 Reiz-Reaktions-Schema

1 ↗ In der unteren Hälfte von Infografik 1 siehst du ein Beispiel zum Reiz-Reaktions-Schema. Schreibe selbst mindestens ein solches Beispiel auf.

Bild 2 Beispiele für unbewusste und bewusste Reaktionen auf Reize

Bewusste und unbewusste Reaktionen

Reaktionen können bewusst oder unbewusst sein. Bei **bewussten Reaktionen** denkst du zuerst, bevor du reagierst. Bewusste Reaktionen steuerst du mit deinem Willen. Bei **unbewussten Reaktionen** musst du nicht zuerst denken. Unbewusste Reaktionen geschehen automatisch.

    Wenn du zum Beispiel einen Muffin nimmst und hineinbeisst, ist das eine bewusste Reaktion. Wenn du den Bissen Muffin kaust und dann hinunterschluckst, sind das unbewusste Reaktionen. Auch das gute Gefühl, etwas Feines zu essen, ist eine unbewusste Reaktion. Meistens reagierst du auf einen Reiz nicht mit einer einzigen Reaktion. Das ist in Bild 2 dargestellt.

> ↗
>
> **2** Lies die folgenden Situationen. Beurteile und schreibe auf, welche Reaktionen darin bewusst und welche unbewusst sind:
>
> **a** Samuel fährt mit dem Velo nach Hause. Er sieht eine Katze auf der Strasse und bremst langsam ab. Er steigt vom Velo und streichelt die Katze.
>
> **b** Ida ist unterwegs zur Schule. Valentina lauert ihr hinter einer Mauer auf, springt hervor, kreischt und fuchtelt wild mit den Armen.
> Ida erschrickt und schreit auf. Anschliessend müssen beide lachen.

Die Trennung zwischen einer bewussten und einer unbewussten Reaktion ist nicht immer einfach. Viele unbewusste Reaktionen können auch bewusst gesteuert werden. Zum Beispiel kannst du den Muffin schneller oder langsamer kauen. Es gibt aber auch unbewusste Reaktionen, die nicht bewusst gesteuert werden können. Diese Reaktionen heissen Reflexe.

Reflexe sind schnelle Reaktionen auf starke Reize

Wenn du mit der Hand eine sehr heisse Tasse berührst, dann ziehst du die Hand sofort zurück. Die heisse Tasse ist ein starker Reiz. Das Zurückziehen der Hand ist die Reaktion deines Körpers auf den starken Reiz. Diese Reaktion geschieht automatisch, du musst dabei nichts überlegen. Die Reaktion geschieht auch, bevor du den Schmerz überhaupt spürst. Eine solche automatische und schnelle Reaktion auf einen starken Reiz wird **Reflex** genannt. Bei einem Reflex ist das Gehirn nicht beteiligt. Was dabei im Körper passiert, ist im Beispiel dargestellt:

Samuel sieht und riecht den Muffin und möchte ihn essen. Sein Gehirn schickt Nervenimpulse zu den Muskeln im Arm. Diese Nervenimpulse bewirken, dass sich verschiedene Muskeln im Arm zusammenziehen. Der Arm bewegt sich und seine Hand greift nach dem Muffin. Samuel denkt aber nicht daran, dass der Muffin direkt aus dem Ofen kommt und darum sehr heiss ist.

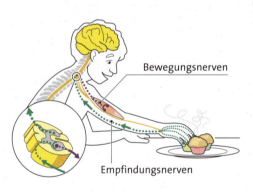

Sobald seine Finger den heissen Muffin berühren, werden manche Sinneszellen in der Haut stark gereizt. Die Sinneszellen schicken darum viele Nervenimpulse in sehr kurzer Zeit zum Rückenmark (Empfindungsnerven). Weil sehr viele Nervenimpulse in kurzer Zeit ins Rückenmark kommen, schickt das Rückenmark sofort neue Nervenimpulse in die Muskeln der Arme (Bewegungsnerven). Samuel zieht die Hand zurück.

Nervenimpulse werden auch durch das Rückenmark an das Gehirn geleitet. Die Nervenimpulse kommen aber erst im Gehirn an, wenn Samuel die Hand schon weggezogen hat. Erst jetzt spürt er den Schmerz und erst jetzt wird ihm bewusst, dass der Muffin heiss ist.

Die Aufgabe von Reflexen

Im Beispiel oben hat sich Samuel zwar ein wenig die Finger verbrannt, jedoch nicht so stark. Das schnelle Zurückziehen der Hand hat verhindert, dass er sich die Finger schlimmer verbrannt hat. Samuel hat sich also dank des Reflexes nicht schlimm verletzt. Die Aufgabe von Reflexen ist, vor schweren Verletzungen zu schützen.

3 Entdecke weitere Reflexe und deren Aufgaben in ▶ AM 3.2.

4 Vergleiche mit ▶ AM 3.3 die beiden Arten der Reaktionen.

Hören

▶ **AM 3.4** Räumliches Hören
▶ **TB 16** Auswerten

> **1** Diskutiere mit jemandem aus der Klasse die Frage:
> «Warum hörst du?»

Wahrscheinlich habt ihr gemerkt, dass es auf die Frage «Warum hörst du?» mehrere Antworten gibt. Zum Beispiel: «Weil ich Ohren habe» oder «Damit ich mich mit anderen unterhalten kann». In den nächsten drei Unterkapiteln erhältst du weitere Antworten auf die Frage «Warum hörst du?». Dabei beschäftigst du dich mit dem räumlichen Hören, mit Schall und mit dem Bau und der Funktion des Gehörs.

Hören hilft bei der Orientierung

> ↗ Arbeitet zu zweit:
>
> **2** Schreibt eine Vermutung auf: Warum kann man feststellen, aus welcher Richtung ein Geräusch kommt?
>
> **3** Findet mit dem Experiment auf ▶ **AM 3.4** heraus, wie man feststellen kann, aus welcher Richtung ein Geräusch kommt.

Dass du feststellen kannst, aus welcher Richtung ein Ton kommt, nennt man **räumliches Hören**, **Richtungshören** oder auch **Stereohören**. Das räumliche Hören ist wichtig, damit du dich orientieren kannst. Zum Beispiel im Strassenverkehr, wenn du ein Auto hörst. Weil du räumlich hören kannst, weisst du, aus welcher Richtung das Auto kommt. Auch wenn du das Auto noch gar nicht sehen kannst.

> **4** Beschreibe jemandem aus der Klasse, wann das räumliche Hören auch noch wichtig ist. Denke dabei zum Beispiel an Fussball oder an andere Spiele im Sport.
>
> **5** Wenn eine Jagd stattfindet, ist für die gejagten Tiere das räumliche Hören überlebenswichtig. Erkläre jemandem aus der Klasse, warum das so ist.

Alles, was du hörst, ist Schall

Als **Schall** bezeichnet man alle Töne und Geräusche. In diesem Unterkapitel lernst du, wie sich Schall ausbreitet und was passiert, wenn Schall auf etwas trifft.

▸ **AM 3.5** So breitet sich Schall aus
▸ **OM 3.4** Schallausbreitung

So breitet sich Schall aus

Schall entsteht immer durch eine **Schallquelle**. Eine Schallquelle ist zum Beispiel ein Lautsprecher oder deine Stimme. Damit Schall von einer Schallquelle zu deinen Ohren kommt, braucht es Luft oder einen anderen Stoff. Bei einem Lautsprecher zum Beispiel passiert Folgendes (Bild 1): Ein Lautsprecher hat eine **Membran**. Eine Membran ist eine Art Haut. Die Membran schwingt sehr schnell hin und her. Wenn die Membran nach vorne schwingt, werden Luftteilchen nach vorne gestossen. Diese Luftteilchen stossen dann die Luftteilchen vor ihnen an, diese stossen wieder die Luftteilchen vor ihnen an und so weiter. Dort, wo sich die Luftteilchen anstossen, sind sie nahe beieinander und die Luft ist verdichtet. Nachdem die Luftteilchen andere Luftteilchen vor sich angestossen haben, schwingen sie wieder zurück. Die Luftteilchen schwingen also genauso hin und her wie die Membran des Lautsprechers. So gelangt der Ton bis zu deinen Ohren.

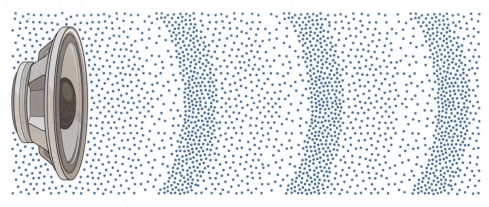

Bild 1 Schall breitet sich aus.

> **Gut zu wissen**
>
> Schall breitet sich von einer Schallquelle in alle Richtungen aus.

---

1 ↗ Wie kommt Schall von einem Lautsprecher zu deinen Ohren? Beschreibe und zeichne, wie du dir das vorstellst.

2 In einer Simulation siehst du die Schallausbreitung viel besser. Bearbeite dazu ▸ **AM 3.5**.

Wenn Schall auf etwas trifft

Wenn Schall auf einen Gegenstand trifft, geschieht Folgendes: Zum einen wird der Schall vom Gegenstand reflektiert. Das heisst, die Luftteilchen prallen vom Gegenstand ab. Zum anderen bewirkt der Schall, dass der Gegenstand selbst zu schwingen anfängt. Das heisst, die Schwingungen der Luftteilchen werden auf den Gegenstand übertragen.

Harte Gegenstände wie zum Beispiel eine Mauer geraten selbst nur wenig in Schwingung. Harte Gegenstände reflektieren deshalb einen grossen Teil des Schalls. Elastische Gegenstände geraten mehr in Schwingung als harte Gegenstände. Elastische Gegenstände reflektieren deshalb nur einen kleinen Teil des Schalls.

So funktioniert das Gehör

▶ **AM 3.6** Aufbau und Funktion des Gehörs
▶ **AM 3.7** Das Trommelfell
▶ **OM 3.4** Schallausbreitung 🔀
▶ **OM 3.5** Das Ohr (mit Ton) 🎞
▶ **OM 3.6** Das Ohr (ohne Ton) 🎞
▶ **TB 15** Protokoll anfertigen
▶ **TB 25** Modelle nutzen

Das Ohr ist dazu da, Schall wahrzunehmen. In diesem Unterkapitel lernst du, wie das Ohr aufgebaut ist und was im Ohr passiert, wenn du einen Ton hörst.

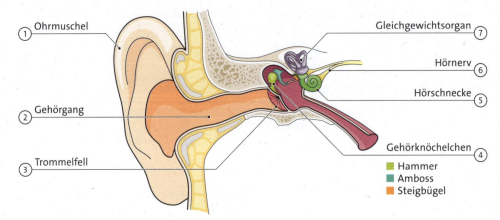

Bild 1 Aufbau des menschlichen Ohrs

🚩 **Gut zu wissen**

Oberhalb der Hörschnecke befindet sich das **Gleichgewichtsorgan** (7). Mit dem Gleichgewichtsorgan kannst du feststellen, ob du dich bewegst, liegst oder stehst. Das Gleichgewichtsorgan hat mit dem Hören aber nichts zu tun.

Wenn du einen Ton hörst, fängt die Ohrmuschel (1) den Schall auf. Der Schall wird durch den Gehörgang (2) zum Trommelfell (3) geleitet. Das Trommelfell ist eine elastische Haut. Wenn Schall auf das Trommelfell trifft, schwingt es hin und her. Dadurch bewegen sich die Gehörknöchelchen (4) und übertragen die Bewegung des Trommelfells in die Hörschnecke (5). In der Hörschnecke gibt es viele Sinneszellen. Diese Sinneszellen erzeugen Nervenimpulse. Die Nervenimpulse werden durch den Hörnerv (6) ins Gehirn geleitet. Im Gehirn werden die Nervenimpulse ausgewertet: Erst jetzt hörst du den Ton.

Die Hörschnecke

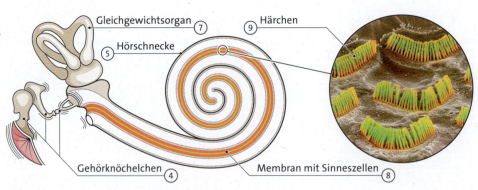

Bild 2 Vereinfachter Aufbau der Hörschnecke

Die Hörschnecke ist mit einer Flüssigkeit gefüllt. Ausserdem gibt es in der Hörschnecke Membranen mit Sinneszellen (8). Auf diesen Sinneszellen sind feine Härchen (9).

Weil die Gehörknöchelchen die Schwingungen des Trommelfells auf die Hörschnecke übertragen, schwingt die Flüssigkeit in der Hörschnecke. Durch die Schwingungen der Flüssigkeit schwingt eine Membran. Weil diese Membran die Härchen auf den Sinneszellen berührt, bewegen sich die Härchen (9). Weil sich die Härchen bewegen, entstehen in den Sinneszellen Nervenimpulse. Die Nervenimpulse werden durch den Hörnerv ins Gehirn geleitet.

1 Damit du dir das besser vorstellen kannst, bearbeite ▶ **AM 3.6** und ▶ **AM 3.7**.

Wenn es zu laut ist

Gehörschäden entstehen oft, wenn Geräusche zu laut sind. In diesem Unterkapitel erfährst du, bei welchen Lautstärken das Gehör beschädigt werden kann und welche Rolle die Hördauer und die Entfernung zur Schallquelle spielen.

▶ **AM 3.8** Trommelfellriss
▶ **AM 3.9** Lärmschwerhörigkeit und Tinnitus
▶ **AM 3.10** So kannst du dich vor Gehörschäden schützen
▶ **OM 3.4** Schallausbreitung
▶ **OM 3.8** Lärmschwerhörigkeit 🔊
▶ **OM 3.9** Tinnitus 🔊
▶ **TB 21** Informationen finden
▶ **TB 22** Recherchieren

Der Schallpegel

Der **Schallpegel** sagt aus, wie laut ein Geräusch ist. Der Schallpegel wird in Dezibel (dB) gemessen. In Bild 1 sind verschiedene Schallquellen und deren Schallpegel angegeben. Bei 0 dB hörst du nichts. Man nennt das die **Hörschwelle** (1). Wenn der Schallpegel kleiner als 85 dB ist, entsteht kein Gehörschaden. Ist der Schallpegel lauter als 85 dB, können Gehörschäden entstehen. Darum ist bei 85 dB die **Schadensgrenze** (2). Bei 120 dB liegt die **Schmerzgrenze** (3). Geräusche mit einem Schallpegel von mehr als 120 dB schmerzen in den Ohren und verursachen schon nach sehr kurzer Zeit einen Gehörschaden.

Die Hördauer

Ob ein Gehörschaden entsteht, hängt auch von der Hördauer ab. In Bild 1 sind auf der rechten Seite für einige Schallpegel die maximale Hördauer pro Woche angegeben. Zum Beispiel hält dein Gehör einen Schallpegel von 95 dB ungefähr 6 Stunden pro Woche aus, ohne geschädigt zu werden.

Schallquelle (Entfernung)	dB	maximale Hördauer pro Woche
Feuerwerk, Gewehrschuss (1m)	140	
startendes Düsenflugzeug (50m)	130	
Schmerzgrenze ③	120	
Kreissäge, Trennscheibe (1m)	110	← 12 Min. / ← 40 Min.
Disco, Kopfhörer, Rock- und Popkonzert	100	← 2 Std. / ← 6 Std.
Benzinrasenmäher (1m)	90	← 20 Std.
Schadensgrenze ②		
älterer Staubsauger (1m)	80	
Strassenverkehr (1m)	70	
normales Sprechen (1m)	60	
leises Sprechen (1m)	50	
Bibliothek	40	
Flüstern (direkt am Ohr)	30	
tropfender Wasserhahn (1m)	20	
Summen einer Mücke (direkt am Ohr)	10	
Hörschwelle ①	0	

Bild 1 Schallquellen und ihre Schallpegel

🚩 Gut zu wissen

Steigt der Schallpegel um 10 dB, empfindest du das als doppelt so laut. 100 dB empfindest du also als doppelt so laut wie 90 dB.

Die Entfernung zur Schallquelle

Je weiter du dich von einem Geräusch entfernst, desto leiser wird es. Das heisst, der Schallpegel nimmt mit der Entfernung zur Schallquelle ab. Der Schallpegel nimmt um 6 dB ab, wenn sich die Entfernung zur Schallquelle verdoppelt. Das ist in Tabelle 1 dargestellt:

Entfernung zur Schallquelle

	1 m	2 m	4 m	8 m	16 m	32 m	64 m
	140 dB	134 dB	128 dB	122 dB	116 dB	110 dB	104 dB
Schallpegel	130 dB	124 dB	118 dB	112 dB	106 dB	100 dB	94 dB
	110 dB	104 dB	98 dB	92 dB	86 dB	80 dB	74 dB

Tabelle 1 Der Schallpegel nimmt ab, wenn man sich von der Schallquelle entfernt.

↗ Arbeitet zu zweit:

1 Beantwortet die folgenden Fragen. Verwendet dafür Informationen aus dem Text, aus Bild 1 und aus Tabelle 1:

a Wie hoch ist der Schallpegel beim Sprechen in normaler Lautstärke?

b Wie lange pro Woche kannst du in der Disco sein, ohne das Gehör zu schädigen?

c Wie hoch ist der Schallpegel eines Feuerwerks, wenn du 16 m davon entfernt bist?

2 Schreibt selbst solche Fragen auf. Tauscht die Fragen gegenseitig aus, beantwortet sie und kontrolliert, ob die Antworten richtig sind.

Licht und Linsen

▶ **AM 3.11** Konkave und konvexe Linsen haben unterschiedliche Eigenschaften

In den nächsten Unterkapiteln geht es um die Augen und wie sie funktionieren. Dabei spielen Licht und Linsen eine wichtige Rolle. Ohne Licht würdest du nichts sehen und ohne Linsen würden deine Augen nicht funktionieren. In diesem Unterkapitel wird ein Modell für Lichtstrahlen vorgestellt. Ausserdem lernst du verschiedene Linsen und deren Unterschiede kennen.

Das Modell der Lichtstrahlen

An Konzerten oder in Discos kann man das Licht von Scheinwerfern oft sehen (Bild 1). Wie du auf Bild 1 erkennen kannst, breitet sich das Licht der Scheinwerfer geradlinig aus und es sind einzelne Lichtbündel sichtbar. Licht kannst du dir als solche Lichtbündel vorstellen. Würde man ein Lichtbündel immer dünner machen, dann würde am Schluss ein einziger Lichtstrahl übrig bleiben. Du kannst dir also vorstellen, dass Lichtbündel aus vielen Lichtstrahlen bestehen (Bild 2).

🚩 **Gut zu wissen**

Licht breitet sich eigentlich in alle Richtungen aus. Beim Scheinwerfer wird das Licht durch das Gehäuse in eine Richtung gelenkt.

Bild 1 Scheinwerferlicht

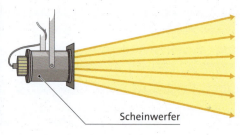

Scheinwerfer

Bild 2 Lichtbündel mit Lichtstrahlen

Feinwerkoptikerinnen und Feinwerkoptiker stellen zum Beispiel Linsen für Fernrohre, Mikroskope, Beamer, Kameras und medizinische Geräte her. Diese Linsen müssen sehr genau sein. Darum arbeiten Feinwerkoptikerinnen und Feinwerkoptiker auf Bruchteile von Tausendstelmillimetern genau. Sie bearbeiten das Glas zum Teil von Hand, zum Teil mit computergesteuerten Fertigungsmaschinen.

Linsen

Du kennst verschiedene Geräte, die mit Linsen funktionieren. Zum Beispiel haben Kameras, Fernrohre oder Beamer Linsen. Auch ein Mikroskop funktioniert mit Linsen. Es gibt zwei verschiedene Arten von Linsen: konvexe und konkave.

Konvexe Linsen kommen zum Beispiel in Mikroskopen vor. Auch eine Lupe ist eine konvexe Linse. Konvexe Linsen heissen auch **Sammellinsen**.

Bild 3 Eine konvexe Linse

Konkave Linsen kommen zum Beispiel in manchen Brillen und in Kameraobjektiven vor. Konkave Linsen heissen auch **Zerstreuungslinsen**.

Bild 4 Eine konkave Linse

Lichtstrahlen werden durch Linsen abgelenkt. Man sagt auch: Lichtstrahlen werden von Linsen gebrochen. Licht wird von unterschiedlichen Linsen unterschiedlich gebrochen. Zum Beispiel wird Licht durch konvexe Linsen nicht gleich gebrochen wie durch konkave Linsen.

1 Finde mit ▶ **AM 3.11** heraus, wie konvexe und konkave Linsen das Licht brechen.

So siehst du scharf

Mit den Augen kannst du Dinge in unterschiedlichen Entfernungen scharf sehen. Dazu muss sich dein Auge an die unterschiedlichen Entfernungen anpassen. Wie das funktioniert, lernst du in diesem Unterkapitel. Es gibt aber auch Personen, die nicht auf jede Entfernung scharf sehen können. Diese Personen haben einen Sehfehler. In diesem Unterkapitel lernst du einige Sehfehler kennen.

▶ **AM 3.12** Sehfehler
▶ **AM 3.13** Korrektur der Sehfehler
▶ **OM 3.10** Das Auge (mit Ton) 🎞
▶ **OM 3.11** Das Auge (ohne Ton) 🎞
▶ **OM 3.12** Alterssichtigkeit

Wie entsteht ein Bild im Auge?

> 1 Betrachte Bild 1. Versuche jemandem aus der Klasse zu beschreiben, was im Auge geschieht, wenn du etwas siehst.

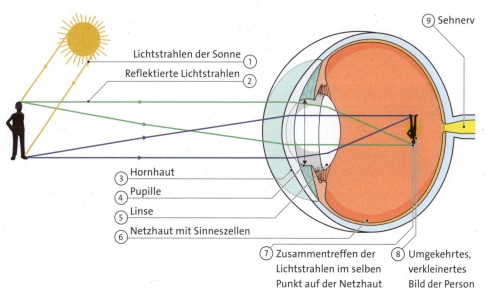

⚑ **Gut zu wissen**

Das Licht wird zuerst an der Hornhaut und dann an der Linse gebrochen. So ist es in Bild 1 dargestellt. Oft wird die Brechung der Lichtstrahlen nur an der Linse dargestellt und nur noch der Umriss des Auges gezeichnet (Bild 2).

Bild 1 So wird eine Person mit dem Auge wahrgenommen.

Wenn du eine Person siehst, dann passiert das, was in Bild 1 dargestellt ist: Lichtstrahlen (1) von der Sonne werden von der Person reflektiert. Die reflektierten Lichtstrahlen (2) treffen auf die Hornhaut (3). An der Hornhaut werden die Lichtstrahlen das erste Mal gebrochen. Die gebrochenen Lichtstrahlen gehen durch die Pupille (4) und treffen auf die Linse (5). An der Linse werden die Lichtstrahlen das zweite Mal gebrochen und treffen auf die Netzhaut (6). Lichtstrahlen, die vom selben Punkt ausgehen, müssen auf der Netzhaut an derselben Stelle zusammentreffen (7). Nur so siehst du die Person scharf. Auf der Netzhaut entsteht ein umgekehrtes, verkleinertes Bild der Person (8). Auf der Netzhaut gibt es viele Sinneszellen. Die Sinneszellen wandeln das Licht in Nervenimpulse um. Die Nervenimpulse gehen durch den Sehnerv (9) ins Gehirn. Im Gehirn werden die Nervenimpulse verarbeitet. Das Gehirn dreht das Bild auch wieder um, sodass du die Person nicht auf dem Kopf siehst.

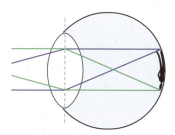

Bild 2 Vereinfachte Darstellung der Abbildung im Auge

> 2 Schau den Film «Das Auge» an (▶ **OM 3.10**). Erkläre dann noch einmal jemandem, was im Auge geschieht, wenn du etwas siehst.

Wie kannst du nahe und entfernte Gegenstände scharf sehen?

Stell dir vor, du sitzt auf einer Terrasse. Vor dir auf dem Tisch steht ein Glas mit Cola und weiter weg steht ein grosser Baum.

Arbeitet zu zweit:

3 Vermutet: Könntet ihr das Glas und den Baum gleichzeitig scharf sehen?

4 Denkt euch einen Versuch aus, mit dem ihr zeigen könnt, ob ihr weit entfernte und nahe Gegenstände gleichzeitig scharf sehen könnt.

Tipp Führt den Versuch mit nur einem Auge durch, dann geht es besser.

Du hast sicher gemerkt, dass du Dinge in deiner Nähe und weit entfernte Dinge nicht gleichzeitig scharf sehen kannst. Der Grund dafür ist, dass sich das Auge an nahe und weit entfernte Gegenstände anpassen muss. Die Anpassung des Auges, wenn du nahe oder weit entfernte Gegenstände anschaust, nennt man **Akkommodation**. Wie die Akkommodation funktioniert, wird nun erklärt.

Bild 3 zeigt, wie sich das Auge anpasst, wenn du etwas weit Entferntes anschaust. Die Lichtstrahlen, die von einem Punkt kommen, müssen sich auf der Netzhaut an derselben Stelle treffen. Dazu müssen die Lichtstrahlen von der Linse nur schwach gebrochen werden (1). Die Linse wird vom Ringmuskel nur schwach gewölbt (2). Der Ringmuskel ist entspannt (3). So siehst du alles in der Ferne scharf und alles in der Nähe unscharf.

So siehst du:

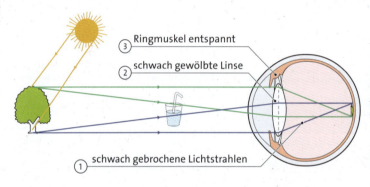

Bild 3 Akkommodation des Auges auf weit entfernte Gegenstände

In Bild 4 siehst du, wie sich das Auge anpasst, damit man nahe Gegenstände scharf sieht. Die Lichtstrahlen, die von einem Punkt kommen, müssen sich auf der Netzhaut an derselben Stelle treffen. Wenn du etwas in der Nähe anschaust, müssen die Lichtstrahlen von der Linse stark gebrochen werden (4). Die Linse wird vom Ringmuskel stark gewölbt (5). Der Ringmuskel ist angespannt (6). So siehst du alles in der Nähe scharf und alles in der Ferne unscharf.

So siehst du:

5 Schau den Teil des Films «Das Auge» (Teil 2) über die Akkommodation ohne Ton an (▶ **OM 3.11**). Schreibe dazu Untertitel. Die Untertitel sollen beschreiben, was im Film zu sehen ist.

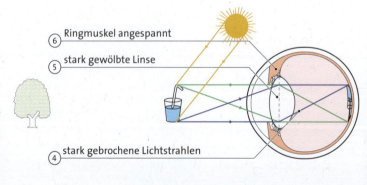

Bild 4 Akkommodation des Auges auf nahe Gegenstände

Sehfehler – wenn man nicht scharf sieht

Normalsichtige Menschen können auf jede Entfernung scharf sehen. Wie das funktioniert, hast du bereits gelernt. Manche Menschen können aber nicht auf jede Entfernung scharf sehen. Diese Menschen haben einen Sehfehler. Die häufigsten Sehfehler sind die Kurzsichtigkeit, die Weitsichtigkeit oder die Hornhautverkrümmung. Im Folgenden erfährst du, wie diese Sehfehler zustande kommen.

Normalsichtigkeit

Normalsichtige Menschen sehen beim Blick in die Ferne (Bild 5a) und beim Blick in die Nähe (Bild 5b) scharf.

Kurzsichtigkeit

Kurzsichtige Menschen haben ein zu langes Auge. Sie sehen beim Blick in die Ferne nicht scharf (Bild 6a). Beim Blick in die Nähe sehen sie scharf (Bild 6b).

Weitsichtigkeit

Weitsichtige Menschen haben ein zu kurzes Auge. Sie sehen beim Blick in die Ferne scharf (Bild 7a). Beim Blick in die Nähe sehen sie nicht scharf (Bild 7b).

Hornhautverkrümmung

Bei Menschen mit einer Hornhautverkrümmung ist die Hornhaut an manchen Stellen dicker als an anderen. Sie sehen beim Blick in die Ferne (Bild 8a) und beim Blick in die Nähe (Bild 8b) unscharf.

a

b

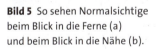

Bild 5 So sehen Normalsichtige beim Blick in die Ferne (a) und beim Blick in die Nähe (b).

Bild 6 So sehen Kurzsichtige beim Blick in die Ferne (a) und beim Blick in die Nähe (b).

Bild 7 So sehen Weitsichtige beim Blick in die Ferne (a) und beim Blick in die Nähe (b).

Bild 8 So sieht jemand mit einer Hornhautverkrümmung beim Blick in die Ferne (a) und beim Blick in die Nähe (b).

6 Betrachte Bild 6 und 7: Erkläre jemandem aus der Klasse, warum man die Kurzsichtigkeit und die Weitsichtigkeit so nennt.

Sehfehler kann man zum Beispiel mit Brillen oder Kontaktlinsen korrigieren. Bei Kurzsichtigkeit und Weitsichtigkeit ist das relativ einfach. Bei der Hornhautverkrümmung ist es ein bisschen komplizierter. Welche Linsen für Brillen oder welche Kontaktlinsen bei Kurzsichtigkeit und Weitsichtigkeit nötig sind, kannst du mit ▶AM 3.13 erarbeiten.

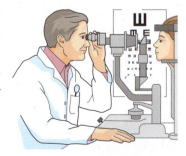

Augenoptikerinnen und Augenoptiker sind Fachleute für die Anpassung und Herstellung von Brillen. Sie helfen den Menschen bei Sehfehlern, finden die richtige Korrektur heraus und stellen die passende Brille zusammen. Ausserdem beraten sie auch bei Sonnenbrillen und anderen Schutzbrillen.

So siehst du farbig, hell, dunkel und dreidimensional

▶ **AM 3.14** Den blinden Fleck sehen
▶ **AM 3.15** Räumlich sehen

Damit du scharf sehen kannst, passt sich die Linse an weit entfernte oder nahe Gegenstände an. Dabei entsteht ein Bild an einer ganz bestimmten Stelle auf der Netzhaut. Wie die Netzhaut aufgebaut ist und welche Funktion sie hat, lernst du in diesem Unterkapitel. Ausserdem lernst du, wie sich das Auge an hell und dunkel anpasst und wie du dreidimensional sehen kannst.

1 Lies den folgenden Textabschnitt. Überlege und erkläre, warum du bei sehr wenig Licht nur noch Graustufen sehen kannst.

Die Netzhaut

Auf der Netzhaut gehen die Lichtstrahlen (1) zuerst durch zwei Schichten von Nervenzellen (2) und treffen dann auf die Lichtsinneszellen (3): die Stäbchen (4) und die Zapfen (5). Die **Stäbchen** sind für die Wahrnehmung von hell und dunkel zuständig. Sie werden auch noch bei sehr wenig Licht gereizt. Die **Zapfen** sind für die Wahrnehmung der Farben zuständig. Sie benötigen mehr Licht als die Stäbchen, um gereizt zu werden.

Die Sinneszellen sind nicht gleichmässig auf der Netzhaut verteilt. Im **gelben Fleck (6)** gibt es die meisten Sinneszellen. Wenn du etwas direkt anschaust, entsteht ein Bild davon im gelben Fleck. Das ist in Bild 1 in Unterkapitel 3.9 dargestellt. Ausserhalb des gelben Flecks gibt es viel weniger Sinneszellen. Im **blinden Fleck (7)** sind gar keine Sinneszellen. Im blinden Fleck laufen die Nervenfasern (8) aller Sinneszellen zusammen. Darum gibt es dort keine Sinneszellen. Alle Nervenfasern zusammen bilden den Sehnerv (9).

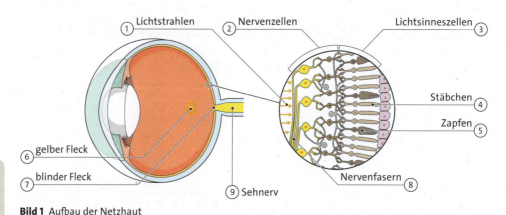

2 Entdecke den blinden Fleck mit dem Versuch in ▶ **AM 3.14**.

Bild 1 Aufbau der Netzhaut

Adaption: Anpassung des Auges an Helligkeit oder Dunkelheit

Damit du möglichst gut siehst, darf weder zu viel Licht noch zu wenig Licht in dein Auge kommen. Wenn es hell ist, soll nicht zu viel Licht ins Auge kommen. Sonst wirst du geblendet. Deshalb sind die Pupillen klein. Wenn es dunkel ist, soll möglichst viel Licht ins Auge kommen. Sonst siehst du nichts. Deshalb sind die Pupillen gross. Für das Ändern der Grösse der Pupille ist die Iris zuständig. Die **Iris** hat zwei Muskeln und kann die Pupille grösser oder kleiner machen. So reguliert die Iris, wie viel Licht ins Auge kommt. Diese Anpassung der Augen an viel und wenig Licht nennt man **Adaption** (Bild 2).

3 Überlege dir einen Versuch, mit dem du die Adaption zeigen kannst. Führe ihn dann mit jemandem durch.

Bild 2 Kleine und grosse Pupille

Bild 3 Schweissen mit Schutzhelm

 Vorsicht

Bei sehr hellem Licht, zum Beispiel beim Schweissen, kann sich die Pupille nicht stark genug verkleinern. Kommt extrem helles und energiereiches Licht in dein Auge, kann das Teile der Netzhaut zerstören. Darum braucht man beim Schweissen einen Helm mit sehr dunklem Schutzglas (Bild 3).

Räumlich sehen

Hast du dich auch schon einmal gefragt, warum du zwei Augen hast? Eigentlich würde eines ja reichen. Zwei Augen sind aber wichtig, damit du räumlich sehen kannst.

> **4** Um zu verstehen, wie das räumliche Sehen funktioniert, führe das Experiment in ▶ **AM 3.15** durch.

Wie du vielleicht schon herausgefunden hast, nimmt jedes deiner Augen ein leicht unterschiedliches Bild wahr. Aus diesen zwei unterschiedlichen Bildern macht dein Gehirn ein einziges, dreidimensionales Bild (Bild 4). Weil du räumlich sehen kannst, kannst du einschätzen, welche Dinge weiter weg und welche näher sind.

Auch wenn man auf einem Auge blind ist, kann man räumlich sehen. Unser Gehirn kann nämlich lernen, auch mit einem Auge räumliche Unterschiede wahrzunehmen. Unser Gehirn weiss bei Bild 5 nämlich:

- Wenn eine Tanne (1) Teile des Sees (2) abdeckt, steht die Tanne vor dem See.
- Die Grashalme (3) sind nah, weil sie einzeln zu erkennen sind.
- Helle, bläuliche Berge (4) sind weiter weg als dunkle Berge (5).

Bild 5 Auch mit einem Auge kann man räumliche Unterschiede wahrnehmen.

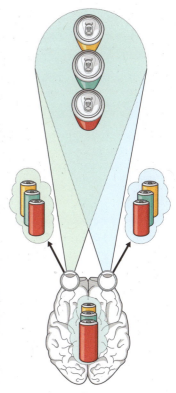

Bild 4 Räumlich sehen

> **5** Betrachte die Beispiele 1 bis 5 in Bild 5. Schreibe weitere Beispiele für das räumliche Sehen in Bild 5 auf.

Das Gehirn weiss zum Beispiel auch, dass weit entfernte Autos kleiner erscheinen und sich langsamer bewegen als Autos in der Nähe. All das hilft übrigens auch den Menschen mit zwei gut funktionierenden Augen. Denn das räumliche Sehen wie in Bild 4 funktioniert nur bis etwa 300 Meter.

Spezielle Sinnesorgane für unterschiedliche Lebensweisen

▶ **AM 3.16** Besondere Sinnesorgane bei Tieren

Manche Tiere haben stärker ausgeprägte Sinne als Menschen. Diese stark ausgeprägten Sinne sind an die Lebensweise der Tiere angepasst. Dazu zwei Beispiele: Mäuse können sehr gut riechen. Für Mäuse ist das wichtig, denn sie leben oft unter der Erde. Weil sie so gut riechen können, können sie sich im Dunkeln besser orientieren. Mäuse erzeugen sehr hohe Töne, die Menschen nicht hören können. Füchse können diese hohen Töne aber hören. Für Füchse ist das wichtig, denn sie jagen und fressen Mäuse. In diesem Kapitel lernst du weitere besondere Sinnesorgane von Tieren kennen.

> **1** ↗ Lies zuerst den Text und beantworte dann die Frage:
> Welche Unterschiede zwischen den Augen eines Menschen und eines Falken sind im Text beschrieben? Schreibe die Unterschiede auf.

Bild 1 Falke

Falkenaugen

Auch Falken jagen und fressen Mäuse. Ein Falke (Bild 1) kann aber die hohen Töne der Mäuse nicht hören. Er kann Mäuse dafür von sehr weit weg sehen. Denn ein Falke kann viel schärfer sehen als Menschen.

Die Augen von Falken sind ähnlich aufgebaut wie die Augen des Menschen. Falken sehen aber eine Maus aus mehreren hundert Metern Entfernung. Damit sie das können, haben Falken fünfmal mehr Sinneszellen im gelben Fleck als Menschen. Deshalb sieht ein Falke viel schärfer als ein Mensch. Auch haben Falken und viele andere Vögel einen Zapfentyp mehr in der Netzhaut. Mit diesen zusätzlichen Zapfen können sie ultraviolett sehen, was wir Menschen nicht können. Deshalb können Falken nicht nur die Mäuse selbst sehen, sondern auch den Urin der Mäuse.

> **2** Falken jagen so: Sie fliegen hoch über einem Feld und halten nach Mäusen Ausschau. Wenn sie eine Maus sehen, dann stürzen sie schnell nach unten und packen die Maus. Beantworte die Fragen:
>
> **a** ↗ Warum würde es einem Falken nicht viel nützen, wenn er die hohen Töne der Mäuse hören könnte?
>
> **b** ↗ Mäuse leben oft in Erdlöchern. Sie urinieren aber nicht in den Erdlöchern, sondern urinieren neben dem Erdloch. Was nützt es einem Falken, wenn er den Urin der Mäuse sehen kann?

Bild 2 Pupille einer Katze bei Nacht

Katzenaugen

Die Augen von Katzen sind ähnlich aufgebaut wie die Augen von Menschen. Trotzdem sehen Katzen nicht gleich wie die Menschen. Zum Beispiel sehen Katzen nicht alle Farben. Das spielt aber für Katzen keine grosse Rolle, da die meisten Katzen dämmerungsaktiv oder nachtaktiv sind. In der Nacht sehen sie dafür besser als Menschen. Warum Katzen in der Nacht so gut sehen können, hat drei Gründe:

1. Die Pupille kann sich viel weiter öffnen als beim Menschen (Bild 2).

2. Auf der Netzhaut der Katzen gibt es viel mehr Stäbchen als beim Menschen.

3. Hinter der Netzhaut (1) befindet sich eine reflektierende Schicht (2), die wie ein Spiegel wirkt (Bild 3). Kommt Licht (3) in ein Katzenauge, dann trifft es auf die Netzhaut. Dabei werden die Sinneszellen ein erstes Mal gereizt. Das Licht wird dann von der reflektierenden Schicht reflektiert (4) und reizt die Sinneszellen ein zweites Mal.

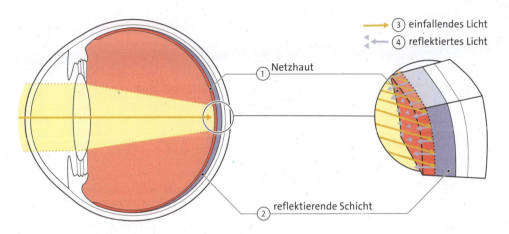

Bild 3 Reflexion des Lichts an der reflektierenden Schicht

3 ↗ Überlege und schreibe auf, warum die Augen der Tiere in Bild 4 leuchten.

Bild 4 Die Augen von manchen Tieren leuchten, wenn sie im Dunkeln mit Blitzlicht fotografiert werden.

Gut zu wissen

Fast alle nachtaktiven Tiere haben eine reflektierende Schicht in den Augen. So zum Beispiel Katzen, Hirsche, Marder, Spinnen, Hunde oder Hasen (Bild 4). Wenn es stockdunkel ist, sehen aber auch diese Tiere nichts mehr.

4 Manche Tiere haben Sinnesorgane, die der Mensch nicht hat.
In ▶ **AM 3.16** findest du Informationen zu zwei solchen Sinnesorganen.

Teste dein Können

↗

1* Stell dir vor: Du greifst nach einem Apfel, auf dem eine Wespe sitzt. Die Wespe sticht dich. Schreibe auf, wie du reagierst und was dabei in deinem Arm, Rückenmark und Gehirn passiert.

2 Erkläre, was an dieser Aussage nicht stimmt: Ein Ton entsteht, wenn die Membran eines Lautsprechers schwingt. Wenn die Membran nach vorne schwingt, werden Luftteilchen nach vorne gestossen. Diese Luftteilchen fliegen dann zu deinen Ohren und stossen das Trommelfell an. Darum beginnt das Trommelfell zu schwingen.

3* Als du klein warst, hast du gelernt, dass du beim Überqueren einer Strasse Folgendes beachten sollst: «Luege, lose, laufe.» Erkläre, was «lose» mit dem Richtungshören zu tun hat.

4 Nach einer Mittelohrentzündung kann es sein, dass sich die Gehörknöchelchen nicht mehr so gut bewegen können. Erkläre, warum man dann nicht mehr so gut hören kann.

5 Stefan übt viermal in der Woche zwei Stunden Trompete mit 90 dB. Am Samstag hat er mit der Jugendmusik ein zweistündiges Konzert bei 95 dB und hilft seinem Vater eine halbe Stunde an der Kreissäge.
- Schreibe auf, warum er einen Gehörschaden riskiert.
- Schreibe Möglichkeiten auf, wie Stefan sein Gehör schützen kann.

6 Betrachte das Bild. Du siehst das Auge von Anna. Erkläre, warum Anna den Menschen nicht scharf sehen kann.

Schreibe auf, wie sich die Linse verändern müsste, damit Anna den Menschen scharf sehen kann. Schreibe auch auf, welche Linse in einer Brille sein müsste, damit Anna den Menschen scharf sehen kann, ohne die Augenlinse zu verändern.

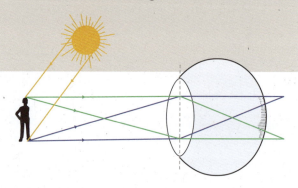

7 Es ist Nacht und du gehst aus dem hellen Haus hinaus. Zuerst kannst du nicht viel erkennen. Erkläre, warum das so ist.

8 Die Netzhaut von Katzen hat viel mehr Stäbchen als die des Menschen. Schreibe auf, warum das wichtig ist, um in der Nacht besser zu sehen.

9* Viele nachtaktive Tiere haben eine Schicht hinter der Netzhaut. Deshalb können sie in der Nacht besser sehen. Erkläre, warum diese Tiere besser sehen.

10 Im Wasser ist es oft trüb und dunkel. Schreibe auf, wie Fische trotzdem wahrnehmen können, was in ihrer Umgebung passiert.

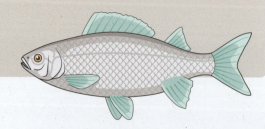

Bewegungen erkunden

IN DIESEM KAPITEL

... lernst du die gleichförmige, beschleunigte und verzögerte Bewegung kennen.

... lernst du, wie man Bewegungen darstellen kann.

... führst du Experimente zur Geschwindigkeit und zu den verschiedenen Bewegungen durch.

... erstellst und interpretierst du Diagramme für Bewegungen.

... lernst du, wie man den Anhalteweg im Strassenverkehr berechnen kann und was die Zwei-Sekunden-Regel bedeutet.

Darstellen von Bewegungen

▸ **OM 4.1** Deine Bewegungen darstellen

Die Bilder 1 bis 4 zeigen dir verschiedene Möglichkeiten, wie man Wege und Bewegungen darstellen kann.

1 ↗ Betrachte die Karte von Bild 1. Überlege und schreibe auf, was die blauen Becher, die roten Kreuze, die weissen Linien mit den weissen Zahlen und die roten km-Zahlen bedeuten.

2 ↗ Betrachte auf der Karte von Bild 1 den Start und das Ziel der Laufstrecke. Überlege, wie man mit den Höhenangaben (schwarze Zahlen beim Start und beim Ziel) den zurückgelegten Höhenunterschied berechnen kann. Schreibe deine Rechnung und dein Resultat auf.

3 ↗ In diesem Unterkapitel werden verschiedene Bewegungen vorgestellt. Die Bewegungen sind in den Bildern 1 bis 4 unterschiedlich dargestellt. Beschreibe die Gemeinsamkeiten und Unterschiede.

4 ↗ Stelle deine eigenen Bewegungen dar. Löse dazu ▸ **OM 4.1**.

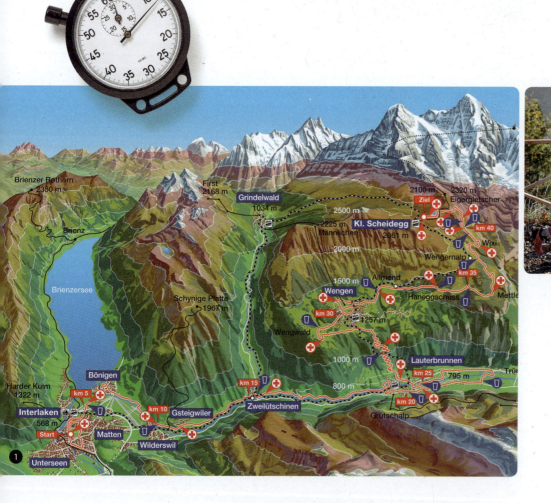

Bild 1 zeigt die Laufstrecke des Jungfrau-Marathons. Der Marathon ist etwas mehr als 42 Kilometer lang. Er startet in Interlaken. Das Ziel ist auf der Kleinen Scheidegg. Auf dieser Laufstrecke müssen die Läuferinnen und Läufer einige Höhenmeter überwinden.

Bertrand Piccard und André Borschberg haben mit dem Schweizer Solarflugzeug Solar Impulse 2 im Jahr 2015/16 die Welt umrundet. Die Reise war über 40 000 Kilometer lang. Während der Reise mussten immer wieder Unterbrüche gemacht werden (Bild 4). Das Flugzeug Solar Impulse 2 ist das erste Solarflugzeug, das erfolgreich die Erde umrundete.

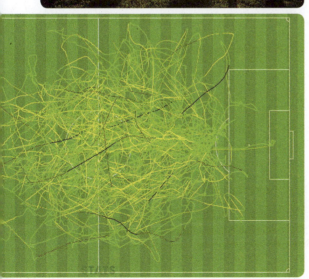

Bild 2 zeigt ein Computerbild der Laufwege einer Fussballspielerin während eines Spiels von 90 Minuten. Nach dem Spiel können alle Wege addiert werden. So kann man zeigen, dass eine Fussballspielerin während eines Spiels etwa 10 Kilometer zurücklegt.

Jan reitet gerne auf seinem Pferd aus. Wenn er eine neue Route ausprobiert, öffnet er eine App mit GPS-Funktion auf seinem Handy. Die GPS-Funktion ortet den Standort seines Handys in regelmässigen Zeitabständen. Die App zeichnet den zurückgelegten Weg auf (Bild 3). In der App kann Jan die Route anschliessend weiterempfehlen.

Bewegungen beschreiben

► **AM 4.1** Bewegungen im Veloparcours beschreiben

In diesem Unterkapitel lernst du verschiedene Arten von Bewegungen kennen und wie man sie beschreiben kann.

Bewegungen sind verschieden

Man spricht von **Bewegungen**, wenn ein Objekt im Verlauf der Zeit seinen Ort ändert. Ein Objekt kann zum Beispiel ein Mensch, ein Tier oder ein Fahrzeug sein. Bewegungen können schnell oder langsam sein. Bewegungen können aber auch immer schneller oder immer langsamer werden. Bewegungen können an Land, im Wasser oder in der Luft stattfinden.

Bewegungen können mit der Richtung und der Geschwindigkeit beschrieben werden. Zudem kann eine Bewegung gleichförmig, beschleunigt oder verzögert sein. Was das bedeutet, wird in den folgenden Abschnitten am Beispiel einer Achterbahnfahrt erklärt.

Bild 1 Eine Achterbahnfahrt

1 Vergleiche beim Lesen der folgenden Abschnitte die Textstellen mit Bild 1.

Richtung

Die Richtung gibt an, wohin ein Wagen sich bewegt. Bei einer Achterbahn wird der Wagen zuerst nach oben gezogen (1). Am höchsten Punkt ändert der Wagen seine Richtung und fährt nach unten (2). Auch bei einem Looping (3) oder einer Kurve (4) ändert sich die Richtung der Bewegung.

Geschwindigkeit

Die Geschwindigkeit gibt an, wie schnell ein Wagen ist. Bei einer Achterbahnfahrt ändert sich die Geschwindigkeit des Wagens oft. Am Anfang wird der Wagen mit kleiner Geschwindigkeit nach oben gezogen (1). Das heisst, der Wagen ist langsam. Nach dem höchsten Punkt geht es steil abwärts (2). Dabei wird die Geschwindigkeit des Wagens immer grösser, er wird also immer schneller.

Gleichförmige, beschleunigte und verzögerte Bewegung

Am Anfang der Achterbahn wird der Wagen mit einer Kette nach oben gezogen. Die Geschwindigkeit des Wagens bleibt gleich (1). Wenn die Geschwindigkeit gleich bleibt, heisst die Bewegung **gleichförmige Bewegung**.

Nach dem höchsten Punkt geht es steil nach unten. Der Wagen wird immer schneller (2). Die Geschwindigkeit des Wagens nimmt zu. Nimmt die Geschwindigkeit zu, heisst die Bewegung **beschleunigte Bewegung**.

Am Ende der Achterbahnfahrt muss der Wagen abbremsen, damit er zum Stillstand kommt und die Passagiere aussteigen können (5). Dabei wird der Wagen immer langsamer, seine Geschwindigkeit nimmt ab. Nimmt die Geschwindigkeit ab, heisst die Bewegung **verzögerte Bewegung**.

2 ↗ Beschreibe, was eine Bewegung ist.
Schreibe dazu drei Beispiele aus dem Alltag auf.

3 ↗ Beschreibe die folgenden Begriffe:

a gleichförmige Bewegung

b beschleunigte Bewegung

c verzögerte Bewegung

4 ↗ Beschreibe jeweils ein Beispiel zu einer gleichförmigen, beschleunigten oder verzögerten Bewegung und begründe deine Zuordnung.

Beispiel: Gemütlich zur Schule laufen ist eine gleichförmige Bewegung, weil die Geschwindigkeit dabei immer gleich bleibt.

5 Beschreibe die Bewegungen im Veloparcours in ▶ **AM 4.1**.

Die Geschwindigkeit

▶ **AM 4.2** Geschwindigkeiten bestimmen
▶ **TB 11** Messwiederholungen

Laura rennt 80 Meter in 12 Sekunden und Chiara rennt 100 Meter in 14 Sekunden. Da Laura und Chiara unterschiedlich lange Wege gelaufen sind, kann man ihre Zeiten nicht vergleichen. Um herauszufinden, wer schneller gelaufen ist, kann man die Geschwindigkeit von Laura und Chiara berechnen oder in ein Diagramm zeichnen. Wie das geht, lernst du in diesem Unterkapitel.

Berechnen der Geschwindigkeit

Zum Berechnen der Geschwindigkeit wird der zurückgelegte Weg durch die benötigte Zeit dividiert:

$$\text{Geschwindigkeit} = \frac{\text{Weg}}{\text{Zeit}}$$

$$v = \frac{s}{t}$$

Um die Geschwindigkeit für Laura und für Chiara zu berechnen, gehst du von der Formel $v = \frac{s}{t}$ aus. Für s setzt du den zurückgelegten Weg ein. Für t setzt du die benötigte Zeit ein. Das Ergebnis erhältst du, indem du den Weg mit dem Taschenrechner durch die Zeit dividierst.

1 ↗ Hund 1 rennt 60 Meter in 8.5 Sekunden. Hund 2 rennt 70 Meter in 9.5 Sekunden. Berechne, welcher Hund schneller ist. Schreibe deine Rechnung und dein Ergebnis auf. Runde dein Ergebnis auf eine Stelle nach dem Dezimalpunkt. Vergiss nicht, auch die Einheiten hinzuschreiben.

Geschwindigkeit Laura: $\quad v = \frac{s}{t} = \frac{80\,\text{m}}{12\,\text{s}} = 6.666\,\frac{\text{m}}{\text{s}} \approx 6.7\,\frac{\text{m}}{\text{s}}$

Geschwindigkeit Chiara: $\quad v = \frac{s}{t} = \frac{100\,\text{m}}{14\,\text{s}} = 7.142\,\frac{\text{m}}{\text{s}} \approx 7.1\,\frac{\text{m}}{\text{s}}$

An den Geschwindigkeiten von Laura und Chiara kannst du erkennen, dass Chiara die grössere Geschwindigkeit hat. Chiara ist also schneller gerannt als Laura.

Einheiten der Geschwindigkeit

Geschwindigkeiten werden in $\frac{\text{m}}{\text{s}}$ (Meter pro Sekunde) oder $\frac{\text{km}}{\text{h}}$ (Kilometer pro Stunde) angegeben. Die Einheit $\frac{\text{m}}{\text{s}}$ kann man in $\frac{\text{km}}{\text{h}}$ umrechnen oder umgekehrt. Dafür multipliziert man mit 3.6 oder dividiert durch 3.6:

⚑ **Gut zu wissen**

So kannst du dir die Umrechnung gut merken: Zu Fuss legst du etwa einen Meter pro Sekunde zurück. Beim Wandern legst du etwa drei bis vier Kilometer pro Stunde zurück. Also $1\,\frac{\text{m}}{\text{s}} = 3.6\,\frac{\text{km}}{\text{h}}$.

$$\text{Geschwindigkeit in } \frac{\text{m}}{\text{s}} \quad \overset{\cdot\,3.6}{\underset{:\,3.6}{\rightleftarrows}} \quad \text{Geschwindigkeit in } \frac{\text{km}}{\text{h}}$$

Beispiele für Geschwindigkeiten

Bild 1 Die Schnecke hat eine Geschwindigkeit von $0.003\,\frac{\text{km}}{\text{h}}$.

Bild 2 Usain Bolt war im Jahr 2009 der schnellste Mann der Welt. Er hatte beim 100-Meter-Lauf eine Geschwindigkeit von etwa $10\,\frac{\text{m}}{\text{s}}$.

Bild 3 Der Gepard ist das schnellste Landtier. Auf der Jagd hat er eine Geschwindigkeit von 120 $\frac{km}{h}$.

Bild 4 Ein Rennauto fährt bis zu 320 $\frac{km}{h}$.

Bild 5 Schall breitet sich mit 343 $\frac{m}{s}$ aus (Schallgeschwindigkeit).

Bild 6 Die Lichtgeschwindigkeit beträgt 300 000 000 $\frac{m}{s}$.

2 Zu den Bildern 1 bis 6 sind Beispiele von Geschwindigkeiten angegeben. Einige Geschwindigkeiten sind in $\frac{m}{s}$ und einige in $\frac{km}{h}$ angegeben.

↗ Rechne alle Geschwindigkeiten in die gleiche Einheit um. Runde dein Ergebnis sinnvoll. Erstelle anschliessend eine Rangliste. Beginne mit der grössten Geschwindigkeit.

Das Zeit-Weg-Diagramm

Geschwindigkeiten kannst du auch vergleichen, wenn du ein Zeit-Weg-Diagramm zeichnest. In Bild 7 sind die Geschwindigkeiten von Laura und Chiara eingetragen. Zur Erinnerung: Laura läuft 80 Meter in 12 Sekunden und Chiara läuft 100 Meter in 14 Sekunden. Wie wird das Zeit-Weg-Diagramm gezeichnet? Zuerst werden die Achsen gezeichnet. Auf der waagrechten Achse (1) wird die Zeit eingetragen und auf der senkrechten Achse (2) wird der zurückgelegte Weg eingetragen. Der Schnittpunkt der beiden Achsen wird Nullpunkt (3) genannt. Für Laura wird auf der Zeit-Achse 12 Sekunden (4) und auf der Weg-Achse 80 Meter (5) abgetragen. Das grüne Kreuz zeigt den Schnittpunkt im Diagramm (6). Dieser Punkt wird mit dem Nullpunkt (3) verbunden. Die grüne Gerade zeigt die Geschwindigkeit von Laura an. Genauso werden die Werte für Chiara eingetragen und die blaue Gerade gezeichnet (7). Die Gerade von Chiara ist steiler. Das bedeutet, dass Chiara schneller ist als Laura.

🚩 **Gut zu wissen**

Je steiler die Gerade im selben Zeit-Weg-Diagramm ist, desto schneller ist das Objekt.

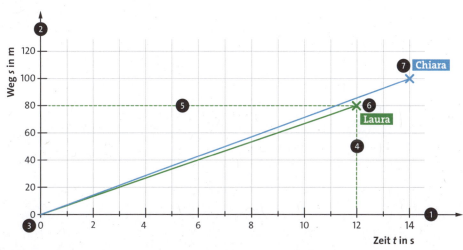

Bild 7 Zeit-Weg-Diagramm der Geschwindigkeiten von Laura und Chiara

3 Führe in ▶ **AM 4.2** ein eigenes Experiment zur Geschwindigkeit durch.

Die gleichförmige Bewegung

▶ **AM 4.3** Eine gleichförmige Bewegung untersuchen
▶ **OM 4.2** Gehen als gleichförmige Bewegung untersuchen
▶ **OM 4.3** Diagramme der gleichförmigen Bewegung 🎞
▶ **TB 11** Messwiederholungen
▶ **TB 13** Diagramm erstellen

1 ↗ Lies noch einmal den ersten Abschnitt durch.

a Erkläre, was eine gleichförmige Bewegung ist.

b Nenne zwei weitere Beispiele für eine gleichförmige Bewegung.

In diesem Unterkapitel lernst du die gleichförmige Bewegung genauer kennen. Bei der gleichförmigen Bewegung bewegt sich ein Objekt immer gleich schnell fort. Das heisst, die Geschwindigkeit bleibt immer gleich. Ein Beispiel für eine gleichförmige Bewegung ist, wenn deine Eltern auf der Autobahn eine Zeit lang immer mit genau 120 Kilometern pro Stunde fahren. Auch wenn du eine Zeit lang mit genau derselben Geschwindigkeit Velo fährst, ist das ein Beispiel für eine gleichförmige Bewegung.

Ein Experiment zur gleichförmigen Bewegung

Leonie lässt im Schulhausgang ein ferngesteuertes Auto langsam geradeaus fahren. Vor der Startlinie hat Leonie das Auto beschleunigt, sodass es ab der Startlinie gleichförmig fährt. Sobald das Auto die Startlinie überfahren hat, filmt Marco mit dem Handy, wie das Auto entlang des Meterbands fährt (Bild 1).

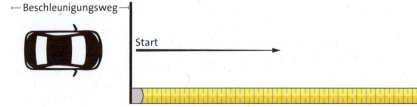

Bild 1 Gleichförmige Bewegung des ferngesteuerten Autos

Das Video werten Marco und Leonie aus. Sie schauen dabei, welchen Weg das Auto jeweils nach 3 Sekunden gefahren ist. Sie schreiben die Werte in eine Tabelle:

Zeit t in s	0	3	6	9	12
Weg s in m	0	4.5	9	13.5	18

Um herauszufinden, wie die Zeit und der zurückgelegte Weg zusammenhängen, stellen Marco und Leonie ihre Werte in einem Zeit-Weg-Diagramm dar (Bild 2).

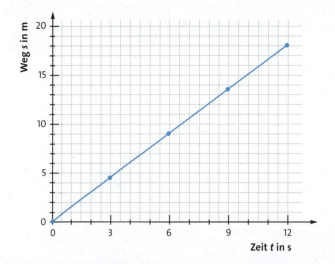

Bild 2 Zeit-Weg-Diagramm einer gleichförmigen Bewegung

Du kannst erkennen, dass bei der gleichförmigen Bewegung im Zeit-Weg-Diagramm eine ansteigende Gerade entsteht. Die ansteigende Gerade bedeutet, dass der zurückgelegte Weg in regelmässigen Abständen zunimmt.

Das Zeit-Geschwindigkeits-Diagramm

Marco und Leonie berechnen anhand der Werte für den Weg und die Zeit die Geschwindigkeiten. Für jeden Abschnitt teilen sie den hinzugekommenen Weg durch 3 Sekunden. Dabei kommen sie auf die folgenden Ergebnisse:

Zeit t in s	0	3	6	9	12
Geschwindigkeit v in $\frac{m}{s}$	1.5	1.5	1.5	1.5	1.5

Den Zusammenhang zwischen der Zeit und der Geschwindigkeit kann man in einem Zeit-Geschwindigkeits-Diagramm darstellen. Beim Zeit-Geschwindigkeits-Diagramm ist auf der waagrechten Achse die Zeit und auf der senkrechten Achse die Geschwindigkeit aufgetragen. Nachdem Marco und Leonie die Werte der Tabelle in das Zeit-Geschwindigkeits-Diagramm eingetragen und verbunden haben, entsteht das Diagramm in Bild 3.

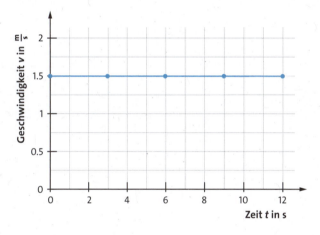

Bild 3 Zeit-Geschwindigkeits-Diagramm einer gleichförmigen Bewegung

> **Gut zu wissen**
>
> Das Auto hat bereits bei 0 s eine Geschwindigkeit von 1.5 $\frac{m}{s}$, da es schon vor der Startlinie beschleunigt hat.

> **Gut zu wissen**
>
> Je weiter oben die horizontale Gerade im selben Zeit-Geschwindigkeits-Diagramm ist, desto grösser ist die Geschwindigkeit.

Im Zeit-Geschwindigkeits-Diagramm der gleichförmigen Bewegung entsteht eine horizontale Gerade. Die horizontale Gerade bedeutet, dass bei der gleichförmigen Bewegung die Geschwindigkeit immer gleich bleibt.

2 ↗ Beschreibe, wofür das Zeit-Weg-Diagramm und das Zeit-Geschwindigkeits-Diagramm gebraucht werden können.

3 ↗ Betrachte Bild 2 und 3. Erkläre, wie man eine gleichförmige Bewegung im Zeit-Weg-Diagramm beziehungsweise im Zeit-Geschwindigkeits-Diagramm erkennt.

4 ↗ Matilde und Hanna haben das gleiche Experiment wie Marco und Leonie durchgeführt. Dabei sind sie zu den folgenden Ergebnissen gekommen:

Zeit t in s	0	3	6	9	12
Weg s in m	0	5	10	15	20

Übernimm das Diagramm von Bild 2. Trage die Gerade von Bild 2 mit Blau ein. Trage anschliessend mit Grün die Werte von Matilde und Hanna in dasselbe Diagramm ein. Verbinde die Punkte.

5 ↗ Vergleiche die beiden Geraden von Auftrag 4. Schreibe eine Vermutung auf, welches Auto schneller gefahren ist. Begründe deine Vermutung.

6 Führe ein Experiment zur gleichförmigen Bewegung durch. Löse dafür ▶ AM 4.3.

Die beschleunigte Bewegung

▸ **AM 4.4** Eine beschleunigte Bewegung untersuchen
▸ **OM 4.4** Die Beschleunigung
▸ **OM 4.5** Diagramme der beschleunigten Bewegung 🎞
▸ **TB 13** Diagramm erstellen

In diesem Unterkapitel lernst du die beschleunigte Bewegung genauer kennen. Bei der beschleunigten Bewegung wird ein Objekt immer schneller. Das heisst, die Geschwindigkeit nimmt zu. Ein Beispiel für eine beschleunigte Bewegung ist, wenn du beim Velofahren immer mehr in die Pedale trittst und dadurch immer schneller wirst. Auch ein Ball, der bergab rollt, bewegt sich beschleunigt: Beim Hinunterrollen wird er immer schneller.

In der Tabelle sind Zeit- und Weg-Angaben von einem Velo aufgeschrieben, das beschleunigt:

Zeit t in s	0	1	2	3	4	5
Weg s in m	0	0.25	1	2.25	4	6.25

Werden die Werte der Tabelle in einem Zeit-Weg-Diagramm dargestellt (Bild 1), so erhält man bei der beschleunigten Bewegung eine immer steiler werdende Kurve. Eine solche Kurve nennt man **Parabel**. Eine immer steiler werdende Kurve bedeutet, dass bei der beschleunigten Bewegung in den gleichen Zeitabschnitten immer längere Wege zurückgelegt werden.

🏴 **Gut zu wissen**

Je steiler die Parabel im selben Zeit-Weg-Diagramm ist, desto grösser ist die Beschleunigung.

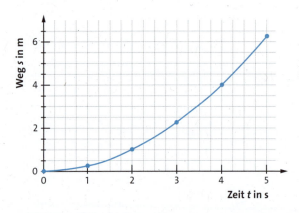

Bild 1 Zeit-Weg-Diagramm einer beschleunigten Bewegung

Würde man die Geschwindigkeiten des Velos nach jeder Sekunde messen, dann bekäme man die Werte der folgenden Tabelle:

Zeit t in s	0	1	2	3	4	5
Geschwindigkeit v in $\frac{m}{s}$	0	0.5	1	1.5	2	2.5

Stellt man die Werte der Tabelle in einem Zeit-Geschwindigkeits-Diagramm dar, entsteht bei der beschleunigten Bewegung eine ansteigende Gerade (Bild 2). Die ansteigende Gerade bedeutet, dass die Geschwindigkeit in regelmässigen Abständen zunimmt.

1 ↗ Nenne Merkmale einer beschleunigten Bewegung.

2 ↗ Nenne drei weitere Beispiele einer beschleunigten Bewegung.

3 Führe in ▸ **AM 4.4** ein Experiment zur beschleunigten Bewegung durch.

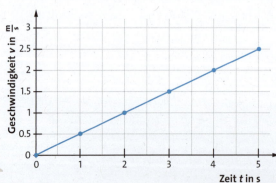

Bild 2 Zeit-Geschwindigkeits-Diagramm einer beschleunigten Bewegung

Die verzögerte Bewegung

In diesem Unterkapitel lernst du die verzögerte Bewegung genauer kennen. Bevor du diese Seite bearbeitest, löse ▶**AM 4.5**.

Bei der verzögerten Bewegung wird ein Objekt immer langsamer. Das heisst, die Geschwindigkeit nimmt in regelmässigen Abständen ab. Ein Beispiel für eine verzögerte Bewegung ist ein Ball, der angestossen wird: Mit der Zeit wird der Ball immer langsamer, bis er zum Stillstand kommt. Ein weiteres Beispiel für eine verzögerte Bewegung ist ein Zug, der in einen Bahnhof einfährt und dabei abbremst.

▶ **AM 4.5** Eine verzögerte Bewegung untersuchen

▶ **AM 4.6** Bewegungen in Diagrammen erkennen

▶ **OM 4.6** Diagramme der verzögerten Bewegung 🖵

▶ **OM 4.7** Genügend Abstand im Strassenverkehr

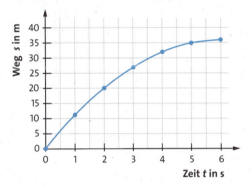

Bild 1 Zeit-Weg-Diagramm einer verzögerten Bewegung

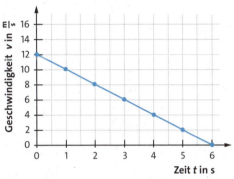

Bild 2 Zeit-Geschwindigkeits-Diagramm einer verzögerten Bewegung

In Bild 1 und 2 ist die Bewegung eines Autos dargestellt, das abbremst.

■ In Bild 1 kannst du erkennen, dass bei einer verzögerten Bewegung im Zeit-Weg-Diagramm eine Kurve entsteht, die immer mehr abflacht:
In gleichen Zeitabständen werden immer kleinere Wege zurückgelegt.

■ In Bild 2 siehst du, dass beim Zeit-Geschwindigkeits-Diagramm einer verzögerten Bewegung eine Gerade entsteht, die in regelmässigen Abständen absinkt:
Die Geschwindigkeit nimmt in regelmässigen Abständen ab.

---

1 ↗ Erstelle eine Tabelle, in der du die Diagramme der gleichförmigen, beschleunigten und verzögerten Bewegung vergleichst. Schreibe in der Tabelle die typischen Merkmale der Diagramme auf und erkläre sie.

2 ↗ Betrachte Bild 2 genauer.

  a Lies im Diagramm ab, welche Geschwindigkeit das Auto am Anfang der Messung hat. Schreibe dein Ergebnis auf.

  b Lies im Diagramm ab, um wie viel $\frac{m}{s}$ das Auto pro Sekunde abbremst. Schreibe dein Ergebnis auf.

  c Lies im Diagramm ab, wie lange es dauert, bis das Auto zum Stillstand kommt. Schreibe dein Ergebnis auf.

3 ↗ Übernimm das Diagramm von Bild 2 in dein Heft. Zeichne mit Rot ein zweites Auto ein, das doppelt so schnell abbremst. Lies danach im Diagramm ab, nach welcher Zeit das zweite Auto zum Stillstand kommt, und schreibe dein Ergebnis auf.

4 Analysiere Bewegungen in Diagrammen in ▶ **AM 4.6**.

5 Informiere dich in ▶**OM 4.7**, wie man den Anhalteweg im Strassenverkehr berechnen kann.

Teste dein Können

↗

1 Ordne die folgenden Beispiele einer gleichförmigen, beschleunigten oder verzögerten Bewegung zu. Begründe deine Zuordnung.

a Ein Lastwagen fährt auf ein Rotlicht zu.

b Ein Raubvogel sieht eine Beute und geht in den Sturzflug.

c Leandro und Clara machen eine gemütliche Wanderung.

d Ein Flugzeug auf der Landepiste.

2 Milo fährt mit dem Velo 2.5 Kilometer in 10 Minuten. Berechne seine Geschwindigkeit in $\frac{m}{s}$ und in $\frac{km}{h}$.

3 Rechne die folgenden Geschwindigkeiten alle in die gleiche Einheit um. Erstelle dann eine Rangfolge, beginnend mit der grössten Geschwindigkeit:

Känguru: 64 $\frac{km}{h}$

Löwe: 17 $\frac{m}{s}$

Hochgeschwindigkeitszug: 300 $\frac{km}{h}$

Speedboot: 60 $\frac{m}{s}$.

4 a Zeichne zu folgenden Werten ein Zeit-Weg-Diagramm. Begründe danach anhand des Diagramms, ob es sich um eine gleichförmige, beschleunigte oder verzögerte Bewegung handelt.

Zeit *t* in s	0	1	2	3	4	5
Weg *s* in m	0	11	20	27	32	35

b Zeichne zu folgenden Werten ein Zeit-Geschwindigkeits-Diagramm. Begründe danach anhand des Diagramms, ob es sich um eine gleichförmige, beschleunigte oder verzögerte Bewegung handelt.

Zeit *t* in s	0	1	2	3	4	5
Geschwindigkeit *v* in $\frac{m}{s}$	0	2.5	5	7.5	10	12.5

5* Erfinde zu jedem Diagramm eine passende Geschichte.

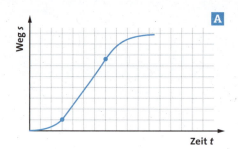

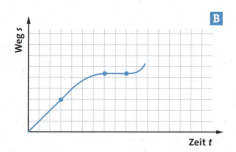

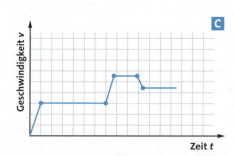

6 Skizziere die folgende Bewegung in einem Zeit-Weg- und in einem Zeit-Geschwindigkeits-Diagramm:
Ein Auto fährt zuerst beschleunigt. Danach fährt es mit gleichbleibender Geschwindigkeit. Zum Schluss bremst das Auto ab.

7* Plane ein Experiment zur verzögerten Bewegung, das du in Gruppen durchführen könntest. Für das Experiment stehen dir die folgenden Materialien zur Verfügung:
Velo, Kreide, Meterband, Stoppuhren (oder Handys).

5

Energie erkunden

IN DIESEM KAPITEL

... entdeckst du, wo überall Energieumwandlungen stattfinden.

... untersuchst du, wie in einer Achterbahn Energie clever genutzt wird.

... erfährst du, wieso der Eisbär nicht friert.

... entdeckst du, dass Energie niemals verloren geht.

... entwickelst du eigene Ideen, Energie nicht zu verschwenden.

Energie ist überall

▶ **AM 5.1** Energieformen
▶ **AM 5.2** Energieumwandlungen überall

Immer wenn sich etwas verändert, ist Energie im Spiel

Dein Körper nutzt Energie der Nahrung für deine Bewegungen, dein Denken, deinen Herzschlag und vieles andere. Die Nahrung ist ein Energieträger. Beim Grillieren nutzt du Energie der Holzkohle, um eine Wurst zu braten. Auch die Holzkohle ist ein Energieträger. Sie stellt Energie in Form von chemischer Energie zur Verfügung. Deine Bewegungen sind auch eine Form von Energie, nämlich Bewegungsenergie. Und so gibt es noch weitere Energieformen. Immer wenn sich etwas verändert, ist Energie im Spiel. Bei jedem Vorgang wird Energie von einer Energieform in eine andere Energieform umgewandelt. Diese Veränderung nennt man **Energieumwandlung**.

---

1 Betrachte die Fotos und überlege, wo eine Energieumwandlung stattfindet.

2 Schreibe alle Energieformen, die du kennst, auf kleine Post-its.

3 Ordne die Post-its mit den Energieformen den Bildern zu. Lege die Energieform vor der Energieumwandlung links neben das Bild und die Energieform nach der Energieumwandlung rechts neben das Bild. Für die Laufbänder wurde das schon gemacht: Die Energieform vor der Energieumwandlung ist die elektrische Energie und die Energieform nach der Energieumwandlung ist die Bewegungsenergie.

6

7

8

4 Arbeitet zu zweit.

a Diskutiert eure Zuordnungen der Post-its von Auftrag 3.

b Diskutiert, ob in den Bildern sparsam mit Energie umgegangen wird.

c ↗ Legt eine Liste mit Tipps zum Energiesparen an. Die Bilder können euch Ideen liefern.

9

10

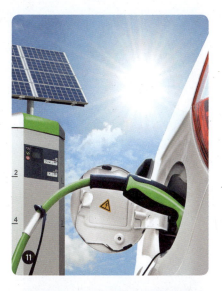

11

12

13

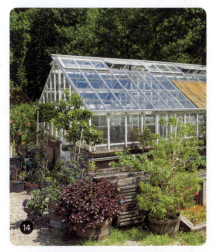

14

Aus einer Energieform wird eine andere

▶ **AM 5.3** Entwickelt eigene Versuche zur Energieumwandlung
▶ **AM 5.4** Ein Skateboard in der Halfpipe
▶ **OM 5.1** Energieskatepark

Immer wenn sich etwas verändert, ist Energie im Spiel. Dabei wird eine Energieform in eine andere Energieform umgewandelt. Diese Energieumwandlungen finden überall statt. In diesem Unterkapitel erfährst du, welche Energieformen es gibt und wie eine Energieumwandlung abläuft.

Energieformen im Überblick

Bild 1 Bewegungsenergie, Lageenergie und Spannenergie beim Trampolinspringen

Lageenergie: Jeder hoch gelagerte Gegenstand ist Träger von Lageenergie. Eine Trampolinspringerin hat an der höchsten Stelle ihres Sprungs die meiste Lageenergie (Bild 1).

Bewegungsenergie: Alles, was sich bewegt, ist Träger von Bewegungsenergie. Fällt die Trampolinspringerin wieder nach unten, wird die Lageenergie in Bewegungsenergie umgewandelt (Bild 1).

Spannenergie: Jeder elastisch verformte Gegenstand ist Träger von Spannenergie. Wenn ein Gegenstand gestaucht oder gedehnt wird, hat er Spannenergie. Das Trampolintuch wird mit Federn auf einen Rahmen gespannt. Je mehr das Trampolintuch sich beim Springen verformt, desto mehr Spannenergie hat das Trampolintuch (Bild 1).

Strahlungsenergie: Strahlungsenergie ist die Energieform, die durch Strahlung transportiert wird. Zum Beispiel ist die Sonnenstrahlung Trägerin von Strahlungsenergie. Eine Solarzelle wandelt die Strahlungsenergie der Sonne (Licht) in elektrische Energie um. Solarkollektoren nutzen die Strahlungsenergie der Sonne aus, um Wasser für die Heizung oder die Waschmaschine zu erwärmen (Bild 2).

Bild 2 Strahlungsenergie wird in der Solarzelle (links) in elektrische Energie umgewandelt und im Solarkollektor (rechts) in thermische Energie.

Elektrische Energie: Der elektrische Strom ist Träger der elektrischen Energie. Die elektrische Energie wird dazu genutzt, geladene Teilchen zu bewegen und damit elektrische Geräte zu betreiben.

Thermische Energie: Jeder erwärmte Körper ist Träger thermischer Energie (Bild 3). Die thermische Energie gibt an, wie schnell sich die Teilchen in einem festen Stoff, einer Flüssigkeit oder einem Gas bewegen. Diese Bewegung der Teilchen ist nicht sichtbar.

Chemische Energie: Alle Stoffe, Flüssigkeiten und Gase sind Träger chemischer Energie. Zum Beispiel haben eine Batterie, Nahrung oder Treibstoffe chemische Energie. Wenn Holz verbrannt wird, wird chemische Energie in thermische Energie und Strahlungsenergie in Form von Licht und Wärme umgewandelt (Bild 3).

Bild 3 Chemische Energie und thermische Energie beim Lagerfeuer

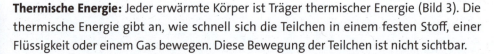

1 ↗ Schreibe zu jeder Energieform ein eigenes Beispiel auf.
Diskutiert anschliessend zu zweit, ob die Beispiele die Energieform gut beschreiben.

Energieumwandlungen in der Achterbahn

Eine Achterbahnfahrt ist eine spannende Erfahrung. Dabei fährst du mit bis zu 90 $\frac{km}{h}$ durch die Kurven und Loopings. Aber ein Achterbahnwagen hat meistens keinen eigenen Motor. Ein Achterbahnwagen bewegt sich, weil die Energieumwandlungen sehr clever genutzt werden (Bild 4 und 5).

Die Fahrt beginnt oft so, dass ein Motor mithilfe eines Kettenantriebs den Achterbahnwagen nach oben zieht. Beim Heraufziehen des Wagens vergrössert sich die Lageenergie des Wagens. An der Spitze des Hügels hat der Wagen die grösste Menge an Lageenergie. Der Wagen hat viel Lageenergie, weil er auf einer grossen Höhe über dem Boden ist. Wenn der Wagen den ersten Hügel hinunterfährt, wird die Lageenergie in Bewegungsenergie umgewandelt. Der Achterbahnwagen wird immer schneller, aber er verliert auch an Höhe. Unten angekommen, hat der Wagen am meisten Bewegungsenergie. Seine Bewegungsenergie ist fast so gross wie seine Lageenergie am Start. Die grosse Bewegungsenergie ermöglicht es dem Wagen, schnell in einen Looping zu fahren. Wenn der Wagen im Looping nach oben fährt, wird die Bewegungsenergie wieder in Lageenergie umgewandelt. Oben im Looping hat der Wagen wieder mehr Lageenergie und dafür weniger Bewegungsenergie. Während der Achterbahnfahrt nimmt eine Energieform zu und dafür die andere ab. Immer im Wechsel.

Bild 4 Achterbahn mit Loopings

---

2 ↗ Betrachte in Bild 5 die Säulendiagramme A bis E. Welche Sätze aus dem Abschnitt «Energieumwandlungen in der Achterbahn» passen jeweils dazu? Ordne jedem Säulendiagramm den passenden Satz aus dem Text zu.

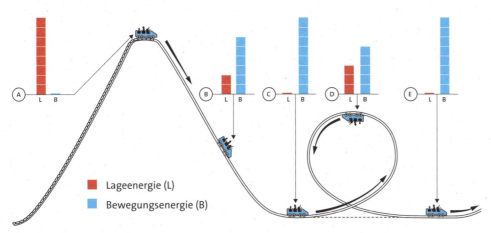

Lageenergie (L)
Bewegungsenergie (B)

Bild 5 Energieumwandlungen in der Achterbahn

---

3 Betrachte die beiden Säulendiagramme D und E.
Beschreibe die Energieumwandlung des Achterbahnwagens zwischen D und E. Nutze dabei die Begriffe Lageenergie und Bewegungsenergie.

4 ↗ Erstelle eine Skizze einer Achterbahn, die zeigt, wie die Achterbahn konstruiert sein muss, damit der Wagen vom Anfang zum Ende der Achterbahn fahren kann.

5 Plane mit ▶ AM 5.3 Versuche zur Energieumwandlung und führe sie durch.

6 Untersuche mit ▶ AM 5.4 Energieumwandlungen in einer Halfpipe.

Die wertvolle Energie nimmt ab

▶ **AM 5.5** Das Solarauto

Bei Energieumwandlungen wird ein Teil der Energie immer in eine Energieform umgewandelt, die man nicht nutzen kann oder will. Damit beschäftigt sich dieses Unterkapitel.

Erwünschte und unerwünschte Energieformen

Eine Energieform kann nicht immer vollständig in die gewünschte Energieform umgewandelt werden. Ein Teil der Energie wird immer in eine Energieform umgewandelt, die man nicht nutzen kann oder will. Zwar geht bei einer Energieumwandlung keine Energie verloren, aber die Energie verliert an Wert. Denn ein Teil der Energie kann nicht genutzt werden. Oft wird ein Teil der Energie in thermische Energie umgewandelt. Dies ist zum Beispiel auch bei der Achterbahn der Fall: Die Räder des Achterbahnwagens reiben an den Schienen. So wird ein Teil der Bewegungsenergie in thermische Energie umgewandelt. Diese thermische Energie ist aber unerwünscht und kann nicht genutzt werden. Die Bewegungsenergie wird weniger und der Wagen bleibt irgendwann stehen. Mit jeder Energieumwandlung verringert sich der Wert der Energie. Die Umwandlung von wertvoller Energie (z. B. Bewegungsenergie) in eine weniger wertvolle Energie (meistens thermische Energie) nennt man **Energieentwertung**.

Thermische Energie sichtbar machen

Thermische Energie kann mit Thermobildkameras sichtbar gemacht werden. Eine Thermobildkamera (Bild 1) kann Temperaturen zwischen −10 °C und 200 °C messen und als Bild darstellen. Jede Temperatur wird in einer anderen Farbe dargestellt. Je höher die Temperatur eines Körpers ist, desto mehr thermische Energie hat er. Eine niedrigere Temperatur bedeutet, dass der Körper weniger thermische Energie hat.

Mit einer Thermobildkamera kann man zum Beispiel sichtbar machen, wie warm Lampen werden. In Lampen wird elektrische Energie in Strahlungsenergie (Licht) und in thermische Energie umgewandelt. Die Strahlungsenergie erhellt die Umgebung und die thermische Energie heizt die Luft in der Umgebung auf. Eine Lampe ist dann sehr **effizient**, wenn sie die elektrische Energie in viel Strahlungsenergie umwandelt und in möglichst wenig thermische Energie. Schliesslich soll eine Lampe vor allem Licht spenden und nicht heizen.

Bild 1 Eine Thermobildkamera

1 ↗ Vergleiche die drei Lampen in Bild 2 und 3. Überlege: Welche der drei Lampen erfüllt die Bedingung einer effizienten Lampe am besten? Welche am schlechtesten? Diskutiere deine Antwort mit jemandem aus deiner Klasse.

Bild 2 Fotografie einer LED-Lampe (links), einer Glühlampe (Mitte) und einer Halogenlampe (rechts)

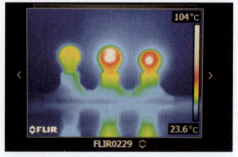

Bild 3 Thermobild einer LED-Lampe (links), einer Glühlampe (Mitte) und einer Halogenlampe (rechts)

Energiewandler sind überall

Energie wird nicht von allein umgewandelt. Es braucht dazu einen **Energiewandler**. Energiewandler sind Geräte, Maschinen oder Lebewesen, die eine Energieumwandlung möglich machen. Bei der Achterbahn zum Beispiel ist der Motor für den Kettenantrieb ein Energiewandler. Der Motor wandelt die elektrische Energie in Bewegungsenergie der Kette um. Die Kette kann so den Wagen der Achterbahn auf den höchsten Punkt der Achterbahn ziehen. Der Motor wird im Dauerbetrieb aber auch sehr warm. Genau betrachtet wird die elektrische Energie also nicht nur in Bewegungsenergie, sondern auch in thermische Energie umgewandelt. Aber die thermische Energie, die vom Motor umgewandelt wird, hat keinen Nutzen für den Betrieb der Achterbahn.

2 ↗ Recherchiere im Internet, welche anderen Energiewandler es noch gibt. Schreibe deine Ergebnisse auf.

3 Untersuche in ▶ **AM 5.5** die Energieumwandlungen in einem Solarauto.

Energieumwandlungsketten

Manchmal ist es schwierig, den Überblick über die Energieumwandlungen und die Energieentwertungen zu behalten. Mit **Energieumwandlungsketten** kannst du Energieumwandlungen übersichtlich darstellen. Der Energiewandler steht dabei in einem Kreis. Die Energieformen stehen in Pfeilen. Die Pfeile für die Energieformen vorher und die erwünschten Energieformen nachher sind blau. Die Pfeile für die unerwünschten Energieformen sind rot. Für den Elektromotor eines Kettenantriebs (Bild 4) ist die Energieumwandlungskette in Bild 5 dargestellt. Auch ein Leuchtkäfer (Bild 6) ist ein Energiewandler. Seine Energieumwandlungskette ist in Bild 7 dargestellt.

Bild 4 Energiewandler Elektromotor des Kettenantriebs

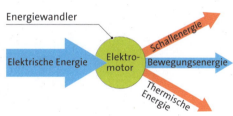

Bild 5 Energieumwandlungskette zum Elektromotor

Bild 6 Energiewandler Leuchtkäfer

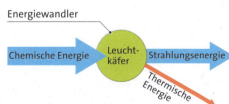

Bild 7 Energieumwandlungskette zum Leuchtkäfer

🚩 **Gut zu wissen**

Ein Leuchtkäfer, der oft auch Glühwürmchen genannt wird, ist einer der besten Energiewandler in der Natur. Einen kleinen Teil seiner Energie nutzt er, um in seinem Körper eine chemische Reaktion zu starten. Dabei werden bis zu 95% der chemischen Energie in Strahlungsenergie in Form von Licht umgewandelt (Bild 6). Das lichtdurchlässige Hinterteil des Leuchtkäfers beginnt zu leuchten. So finden Leuchtkäferweibchen und Leuchtkäfermännchen nachts zusammen.

4 ↗ Erstelle weitere Energieumwandlungsketten für drei Bilder von Unterkapitel 5.1. Zeichne zuerst den Energiewandler in den Kreis, dann die Pfeile mit den Energieformen. Denke dabei auch an die Pfeile für die unerwünschten Energieformen.

Energie speichern und nutzen

▶ **AM 5.6** Dein Lieblingshamburger
▶ **AM 5.7** Energieentwertung in der Natur

In diesem Unterkapitel erfährst du, wie viel Energie in verschiedenen Energieträgern enthalten ist und wie diese Energie genutzt werden kann.

Energieträger speichern Energie

Energie ist immer an einen Träger gebunden. Dieser Träger kann eine Flüssigkeit wie Wasser, ein fester Stoff wie Holz oder auch ein Gas wie Sauerstoff sein. Auch die Strahlung ist ein Träger der Energie. Einige **Energieträger** kennst du bereits: zum Beispiel Holz, Gas, Heizöl, Benzin, Nahrungsmittel, Wind oder die Sonnenstrahlung. Die Energieträger speichern Energie. Wie viel Energie gespeichert ist, wird in der Einheit Joule angegeben.

> **Gut zu wissen**
>
> Die Einheit Joule wurde nach dem englischen Physiker James Joule benannt. Er hat Mitte des 19. Jahrhunderts die Umwandlung von Bewegungsenergie in thermische Energie gemessen und damit die Grundlage für den Energieerhaltungssatz gelegt.

Die Energieeinheiten

Die Masseinheit der Energie ist das **Joule (J)** (ausgesprochen: dschul). Sie gilt für alle Energieformen. Meistens findest du die Einheit **Kilojoule (kJ)**: 1 kJ = 1000 J. Manchmal entdeckst du auf Nahrungsmittelverpackungen auch die Einheit **Kilokalorie (kcal)**: 1 kcal = 4.2 kJ.

Mit 1 J Energie kannst du eine 100-g-Tafel Schokolade 1 m hochheben.
Mit 1 kcal Energie kannst du 1 l Wasser um 1 °C erwärmen.

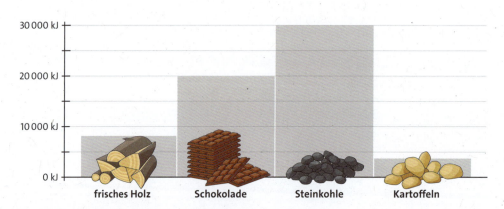

Bild 1 Die Energieträger speichern unterschiedlich viel Energie in 1 kg.

Sportart	Energieumsatz in einer Stunde
Laufen	1600 kJ
Skilanglauf	2000 kJ
Fussball	2500 kJ
Eishockey	2700 kJ
Basketball	3000 kJ
Gymnastik	800 kJ

Tabelle 1 Energieumsatz in einer Stunde Sport

Die Energie in Energieträgern ist in unterschiedlichen Formen gespeichert. Eine Feder speichert Spannenergie oder ein Apfel hat gespeicherte chemische Energie. Im Alltag nutzen wir Menschen vor allem chemisch gespeicherte Energie. Chemische Energieträger haben unterschiedlich viel Energie gespeichert (Bild 1).

1 ↗ Schreibe fünf Nahrungsmittel in eine Liste, die du gerne isst.
Schätze, welche Nahrungsmittel am meisten und welche am wenigsten Energie gespeichert haben. Erstelle eine Rangliste.
Recherchiere danach im Internet, ob du richtiggelegen hast.

2 Kristina hat eine Pizza zum Zmittag gegessen. Eine Pizza hat ungefähr 3000 kJ. Am Nachmittag geht sie zum Fussballtraining.
↗ Berechne mithilfe von Tabelle 1, wie lange sie Fussball spielen muss, um die Energie der Pizza umzuwandeln.

3 Stelle in ▶ **AM 5.6** deinen Lieblingshamburger zusammen und berechne, wie viel Energie er liefert.

4 Beschäftige dich in ▶ **AM 5.7** mit Energieumwandlungen in der Natur.

Energie speichern und bereitstellen

Das Speichern von Energie ist wichtig, denn so kann die Energie genau zu dem Zeitpunkt umgewandelt werden, wenn sie genutzt wird. Zum Beispiel kannst du die gespeicherte Energie des Apfels während einer Velotour dann nutzen, wenn du Hunger hast. Die chemische Energie des Apfels wird in deinem Körper nicht immer komplett genutzt. Die ungenutzte chemische Energie des Apfels wird in Fettzellen gespeichert (Bild 2). Die gespeicherte Energie wird umgewandelt, wenn du etwas tust, zum Beispiel wandern, schwimmen, abwaschen, aber auch denken oder musizieren. Die Energie, die du nicht nutzt, bleibt in den Fettzellen. Je mehr Energie in den Fettzellen gespeichert ist, desto mehr Fettzellen hast du. Das heisst, wenn du viel isst, bilden sich auch mehr Fettzellen. Diese Fettzellen kannst du mit viel Bewegung aber auch wieder loswerden. Denn vor allem, wenn du dich bewegst, wird die chemische Energie wieder in Bewegungsenergie umgewandelt.

Die Ernährungsberaterin und der Ernährungsberater helfen Menschen, sich gesünder zu ernähren. Sie geben ihnen Ratschläge und erstellen zum Beispiel Ernährungspläne. Das machen sie für Menschen mit Krankheiten wie Allergien, für Leute, die abnehmen wollen, aber auch für Sportlerinnen und Sportler.

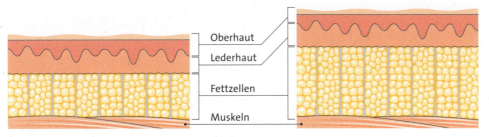

Oberhaut

Lederhaut

Fettzellen

Muskeln

Bild 2 Die Fettzellen speichern die chemische Energie der Nahrung.

Eine Batterie speichert chemische Energie. Wenn du eine Taschenlampe mit Batterie einschaltest, dann startest du eine chemische Reaktion: Die chemische Energie der Batterie wird mithilfe der chemischen Reaktion in elektrische Energie umgewandelt. Je mehr Batterien in der Taschenlampe sind, desto mehr Energie steht zur Verfügung und kann umgewandelt werden (Bild 3).

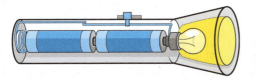

Bild 3 Eine eingeschaltete Taschenlampe wandelt die gespeicherte Energie der Batterie in elektrische Energie um.

Die Klimatechnikerin und der Klimatechniker kümmern sich um Klimaanlagen, zum Beispiel in einem Kaufhaus. Sie sind aber auch für die Installation der Solarmodule und Solarkollektoren auf dem Dach verantwortlich.

5 ↗ Recherchiere im Internet und unter www.berufsberatung.ch zwei Berufe, die mit Energie zu tun haben. Beschreibe, warum diese Berufe deiner Meinung nach mit Energie zu tun haben. Schreibe zu jedem Beruf drei Sätze auf.

Transport von thermischer Energie

▶ **AM 5.8** Heisse oder kalte Dose
▶ **AM 5.9** Warum friert der Eisbär nicht?
▶ **TB 1** Experimentierprozess
▶ **TB 5** Beobachten
▶ **OM 5.2** Gute Wärmeleiter –
　schlechte Wärmeleiter
▶ **OM 5.3** Der Flaschenvulkan
▶ **OM 5.4** Dosen in der Sonne

In diesem Unterkapitel erfährst du, was genau thermische Energie ist und wie thermische Energie transportiert werden kann.

Thermische Energie

Alle festen Stoffe, Flüssigkeiten oder Gase sind Träger von thermischer Energie. Je wärmer feste Stoffe, Flüssigkeiten oder Gase sind, desto mehr thermische Energie haben sie. Thermische Energie beschreibt die Bewegung von Teilchen. Das funktioniert so: Alles, also feste Stoffe, Flüssigkeiten oder Gase, besteht aus ganz kleinen Teilchen. Diese Teilchen bewegen sich ständig. Wenn sich die Teilchen schnell bewegen, dann hat der feste Stoff, die Flüssigkeit oder das Gas viel thermische Energie. Wenn sich die Teilchen langsamer bewegen, dann hat der feste Stoffe, die Flüssigkeit oder das Gas weniger thermische Energie (Bild 1).

Langsame Teilchenbewegung bedeutet wenig thermische Energie.

Schnelle Teilchenbewegung bedeutet viel thermische Energie.

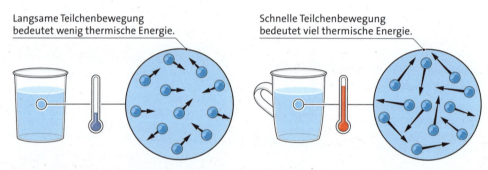

Bild 1 Teilchenbewegungen in einem Glas mit kaltem (links) und warmem Wasser (rechts)

Die thermische Energie eines festen Stoffs, einer Flüssigkeit oder eines Gases kann sich ändern. Das warme Wasser in Bild 1 kühlt mit der Zeit ab. Das kalte Wasser hat weniger thermische Energie als das warme Wasser. Mit dem Abkühlen wird thermische Energie vom Wasser wegtransportiert. Es gibt drei unterschiedliche Wege, wie die thermische Energie transportiert werden kann: Wärmeleitung, Wärmeströmung und Wärmestrahlung.

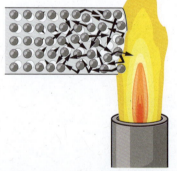

Bild 2 Wärmeleitung: Das Ende eines Metallstabs wird in die Flamme gehalten.

Wärmeleitung ist Energietransport in Stoffen

Thermische Energie kann sich in Stoffen ausbreiten. Man spricht dann von **Wärmeleitung**. Die thermische Energie wird immer von einem wärmeren Ort zu einem kälteren Ort transportiert. Dabei stossen die schnellen Teilchen auf der wärmeren Seite die langsamen Teilchen auf der kälteren Seite an. Dadurch bewegen sich die Teilchen auf der kälteren Seite schneller. In Bild 2 wird ein Metallstab über eine sehr heisse Flamme gehalten. Die Teilchen auf der heissen Seite des Metallstabs bewegen sich sehr schnell. Sie stossen die Teilchen direkt daneben an. Diese bewegen sich dann schneller und stossen wieder ihre Nachbarteilchen an. Das geht immer so weiter.

　　Es gibt Stoffe, in denen die thermische Energie mithilfe der Wärme sehr gut transportiert werden kann. Man nennt diese Stoffe gute **Wärmeleiter**. Metalle sind gute Wärmeleiter. Es gibt auch schlechte Wärmeleiter. Zum Beispiel sind Glas, Wasser, Holz, Kunststoffe und vor allem Luft schlechte Wärmeleiter. Schlechte Wärmeleiter verhindern manchmal, dass die thermische Energie weitertransportiert werden kann. Diese Verhinderung nennt man auch **Isolation** oder Wärmedämmung.

1　↗ Bratpfannen haben häufig Griffe aus Kunststoff oder Holz. Erkläre, warum das sinnvoll ist.

2　↗ Schreibe drei weitere Beispiele für den Einsatz guter und schlechter Wärmeleiter auf.

3　Experimentiere in ▶ **OM 5.2** mit guten und schlechten Wärmeleitern.

Wärmeströmung ist Energietransport mit Stoffen

Thermische Energie kann auch zusammen mit Stoffen transportiert werden. Man spricht dann von **Wärmeströmung**. Dabei gilt wie schon bei der Wärmeleitung, dass der warme Stoff die thermische Energie immer in Richtung zum kalten Stoff transportiert.

Es gibt eine sehr berühmte Wärmeströmung auf der Erde: den Golfstrom. Das warme Wasser aus der Karibik strömt zu uns nach Europa. In Europa übernimmt die Luft einen Teil der thermischen Energie des Meerwassers. Dadurch hat die Luft mehr thermische Energie und eine höhere Temperatur. So haben wir in Europa ein mildes Wetter. Dann fliesst das abgekühlte Wasser zurück in Richtung Karibik. Dort wird es wieder erwärmt und alles geht von vorne los (Bild 3).

4 ↗ Wenn eine Suppe noch zu heiss zum Essen ist, kannst du pusten, um sie abzukühlen. Erkläre, wie dabei die Wärmeströmung abläuft.

5 Mache in ▶OM 5.3 mit einem Flaschenvulkan die Wärmeströmung sichtbar.

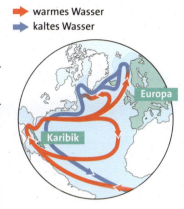

⟶ warmes Wasser
⟶ kaltes Wasser

Bild 3 Wärmeströmung: Der Golfstrom bringt warmes Wasser zu uns nach Europa.

Wärmestrahlung ist Energietransport ohne Stoffe

Thermische Energie kann auch ohne Stoffe transportiert werden. Man spricht dann von **Wärmestrahlung**. Alle Körper senden Wärmestrahlung aus. Je wärmer ein Gegenstand ist, desto mehr Wärmestrahlung sendet er aus.

Die Sonnenstrahlung transportiert schon seit etwa 4.5 Milliarden Jahren Energie zur Erde. Ein Teil der Strahlung ist Licht, das du sehen kannst. Ein anderer Teil der Strahlung ist Wärmestrahlung, die du auf der Haut spüren kannst. Wärmestrahlung wird als Infrarotstrahlung bezeichnet. Sie überträgt die Energie am besten, wenn nichts im Weg ist. Deshalb kann die Wärmestrahlung auch so gut von der Sonne zur Erde transportiert werden (Bild 4). Wenn nun die Wärmestrahlung auf die Erdoberfläche trifft, wird sie teilweise von der Erde **absorbiert**, das heisst von der Erde aufgenommen. Teilweise wird die Wärmestrahlung ins Weltall **reflektiert**, das heisst zurückgeworfen. Die Atmosphäre der Erde ist die Schutzhülle des Planeten. Sie reflektiert und absorbiert einen Teil dieser Wärmestrahlung. Aber auch die Wolken und die Erdoberfläche reflektieren und absorbieren die Wärmestrahlung.

6 ↗ Erkläre in eigenen Worten, wie die Wärmestrahlung zur Erdoberfläche transportiert wird und was auf dem Weg mit der Wärmestrahlung alles passiert.

7 Entwickle mithilfe von ▶ AM 5.8 eine Vorrichtung zum Energietransport.

8 Informiere dich mit ▶ AM 5.9, warum der Eisbär nicht friert.

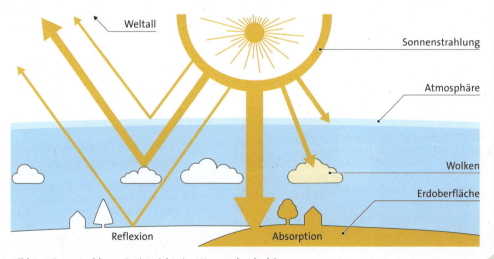

Weltall · Sonnenstrahlung · Atmosphäre · Wolken · Erdoberfläche · Reflexion · Absorption

Bild 4 Wärmestrahlung: Da ist nichts im Weg – oder doch?

Energie geht nicht verloren

▶ **AM 5.10** Energiewürfel als Modell
▶ **AM 5.11** Energie im Stromkreis geht nicht verloren
▶ **OM 5.6** Energiewürfelszenario zum Stromkreis
▶ **OM 5.7** Energiewürfelszenario zum Feuerwerk

Von den vorangegangenen Unterkapiteln weisst du bereits: Jedes Mal, wenn eine Energieform in eine andere Energieform umgewandelt wird, kann man einen Teil der Energie nicht mehr nutzen. In diesem Unterkapitel kannst du mithilfe eines Energiewürfelmodells nachvollziehen, dass die gesamte Energie erhalten bleibt.

Energie bleibt erhalten – aber wo geht sie hin?

Wenn ein Teil der Energie nach einer Umwandlung nicht mehr genutzt werden kann, sagt man manchmal, dass Energie «verloren» ist. Aber Energie geht nicht verloren. Energie bleibt immer erhalten, aber sie verteilt sich anders. Dies nennt man **Energieerhaltung**. In den meisten Fällen wird thermische Energie an die Luft oder andere Gegenstände in der Umgebung abgegeben. Um herauszufinden, was genau mit der Energie passiert, kannst du dir die beiden folgenden Fragen stellen:

1. Wird Energie in eine andere Energieform umgewandelt?
   Das kann auch nur ein Teil der Energie sein. Und die Energieumwandlung kann in verschiedene andere Formen erfolgen. Beispiele dafür hast du in den Unterkapiteln 5.2 und 5.3 kennen gelernt.

2. Wird Energie an einen anderen Ort transportiert?
   Das kann auch nur ein Teil der Energie sein. In der Regel wird vor allem thermische Energie transportiert. Beispiele dafür hast du in Unterkapitel 5.5 kennen gelernt.

Das Modell der Energiewürfel

Energie ist kein Stoff. Du kannst Energie nicht anfassen. Damit du es dir besser vorstellen kannst, gibt es das Modell eines Energiewürfels: Stell dir Energie als Würfel mit 6 Seiten vor. Auf jeder Würfelseite stehen die verschiedenen Energieformen (Bild 1).

B: Bewegungsenergie
C: Chemische Energie
T: Thermische Energie
L: Lageenergie
E: Elektrische Energie
S: Strahlungsenergie/Spannenergie/Schallenergie

Bild 1 Energiewürfel

Mit dem Energiewürfel kannst du dir besser vorstellen, dass Energie nicht verloren geht. Entweder wird eine Energieform in eine andere Energieform umgewandelt oder Energie wird transportiert. Der Würfel steht für die Energie. Er bleibt immer gleich. Mit dem Energiewürfel lassen sich die Umwandlung und der Transport der Energie veranschaulichen.

Energieumwandlung: Wenn eine Energieform in eine andere umgewandelt wird, drehst du den Würfel, sodass auf der oberen Seite die richtige Energieform steht (Bild 2).

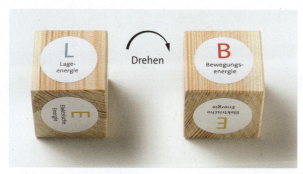

Bild 2 Energieumwandlung bedeutet, dass der Würfel gedreht wird (hier von Lageenergie zu Bewegungsenergie).

Energietransport: Wenn die Energie transportiert wird, dann schiebst du den Würfel an einen anderen Ort (Bild 3).

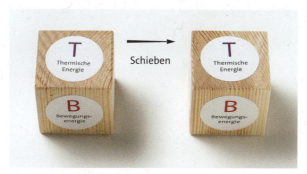

Bild 3 Energietransport bedeutet, dass der Energiewürfel geschoben wird.

Mit dem Energiewürfel kannst du auch die Energiemenge zeigen: Je mehr Energie ein Stoff hat, desto mehr Energiewürfel sind vorhanden. Bei allen Vorgängen, in denen eine Energieform in eine andere Energieform umgewandelt oder Energie transportiert wird, kannst du die Energiewürfel nutzen.

Bei jedem Vorgang, den du mit den Energiewürfeln betrachtest, gibt es vier wichtige **Energiewürfel-Fragen**:

1. Welche Energieformen sind zu Beginn des Vorgangs vorhanden?

2. Welche Energieformen nimmt die Energie zwischen Beginn und Schluss des Vorgangs an?

3. Welche Energieformen sind am Schluss des Vorgangs vorhanden?

4. Wo sind die Energiewürfel am Ende: noch beim Gegenstand oder in der Umgebung?

Bild 4 Ein Knicklicht

Das Knicklicht als Beispiel für ein Energiewürfelszenario

Ein Knicklicht (Bild 4) besteht aus einer biegsamen Kunststoffröhre, die mit einer Flüssigkeit gefüllt ist. Durch Knicken der Röhre kannst du das Knicklicht zum Leuchten bringen. Diesen Vorgang kannst du mithilfe eines Energiewürfelszenarios durchspielen. Ein **Energiewürfelszenario** stellt den Vorgang in mehreren Schritten dar (Bild 5).

a Die Kunststoffröhre ist mit einer Flüssigkeit gefüllt. In der Röhre befindet sich ein dünnes Glasröhrchen mit einer anderen Flüssigkeit. Beide Flüssigkeiten haben chemische Energie.
Nimm für die Energiemenge zum Beispiel sechs Energiewürfel. Zu Beginn des Vorgangs zeigen alle Energiewürfel oben C für chemische Energie.

b Knickst du das Knicklicht, zerbricht das Glasröhrchen. Jetzt mischen sich die beiden Flüssigkeiten. Es findet eine chemische Reaktion statt und das Knicklicht beginnt zu leuchten. Ein Teil der chemischen Energie wird in Strahlungsenergie (Licht) umgewandelt und in die Umgebung transportiert. Drehe zwei der sechs Energiewürfel von C auf S für Strahlungsenergie und schiebe die Würfel in die Umgebung.

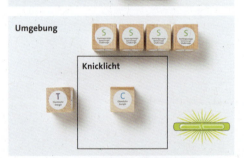

c Die chemische Energie wird weiter in Strahlungsenergie umgewandelt und in die Umgebung transportiert. Die Luft um das Knicklicht wird warm. Es wird also auch chemische Energie in thermische Energie umgewandelt. Drehe weitere drei Energiewürfel von C auf S und schiebe die Würfel in die Umgebung. Einen der S-Energiewürfel drehe aber gleich von S auf T für thermische Energie.

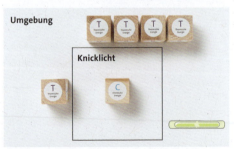

d Nach dem Ablauf der chemischen Reaktion leuchtet das Knicklicht nicht mehr. Die chemische Energie wurde nun fast vollständig in thermische Energie der Luft um das Knicklicht umgewandelt. Etwas chemische Energie ist auch am Schluss noch als chemische Energie im Knicklicht vorhanden. Drehe alle S-Energiewürfel auf T und lasse einen Würfel mit C liegen. Da keine Energie verloren geht, sind am Schluss nach wie vor sechs Energiewürfel vorhanden.

Bild 5 Energiewürfelszenario: Knicklicht

1   Erkläre in eigenen Worten, wo beim Knicklicht eine Energiewandlung und wo ein Energietransport erfolgt.

2   Beantworte die vier Energiewürfel-Fragen für das Beispiel mit dem Knicklicht.

3   Überlege und beschreibe, wie das Knicklicht mit zehn Energiewürfeln funktionieren würde.

4   Beschäftige dich mit verschiedenen Energiewürfelszenarien (▶ AM 5.10, ▶ AM 5.11, ▶ OM 5.7).

Energie clever nutzen

Du hast viele Eigenschaften der Energie kennen gelernt:

- Energie hat verschiedene Formen.
- Energie kann von einer Form in eine andere umgewandelt werden.
- Bei fast jeder Energieumwandlung wird ein Teil der Energie in thermische Energie umgewandelt, die oft nicht mehr genutzt werden kann.
- Bei jeder Energieumwandlung findet auch eine Energieentwertung statt.
- Insgesamt geht Energie nie verloren.
- Thermische Energie kann auf drei Arten transportiert werden: Wärmeleitung, Wärmestrahlung und Wärmeströmung.

▶ **AM 5.12** Baut eure eigene Achterbahn
▶ **OM 5.8** Auftrag zum Bau einer Papierachterbahn
▶ **OM 5.9** Bauanleitung zum Bau einer Papierachterbahn
▶ **OM 5.10** Vorlagen zum Bau einer Papierachterbahn

> **1** Lies die oben genannten Aussagen noch einmal durch.
> Suche in diesem Kapitel Bilder oder Textabschnitte, die zu einer der Aussagen passen.

Plane dein eigenes Projekt: Baue eine Achterbahn

Nutze die Energie so clever, wie du kannst. Denke wie eine Ingenieurin oder ein Ingenieur und plane deine Achterbahn zuerst auf dem Papier!

> **2** Betrachte in Unterkapitel 5.2 die Bilder 4 und 5.
>
> **3** Lies den Text «Energieumwandlungen in der Achterbahn» einmal zügig durch. Du musst dir nicht alles merken, verschaff dir einen Überblick.
>
> **4** Diskutiert die folgenden Fragen zu zweit. Sucht im Text die passenden Stellen für eure Argumente. Macht euch Notizen.
>
> **a** Wenn der Achterbahnwagen sehr weit oben startet, hat er viel Lageenergie. Warum wird der Achterbahnwagen immer langsamer?
>
> **b** Warum funktioniert eine Achterbahn nicht, wenn der Wagen viele Loopings und Kurven fahren muss?

Alles klar? Dann geht es los mit Loopings bauen, Bahnen zusammenkleben und was dir sonst noch einfällt. ▶**AM 5.12** hilft dir, den Überblick bei der Planung zu behalten.

Bild 1 Ein Beispiel für eine Papierachterbahn

Teste dein Können

↗

1 Schreibe alle richtigen Antworten auf:
  a Beim Heraufziehen des Achterbahnwagens verkleinert sich die Lageenergie des Wagens.
  b An der Spitze des Hügels besitzt der Achterbahnwagen die grösste Menge an Lageenergie.
  c Die grosse Bewegungsenergie ermöglicht es dem Achterbahnwagen, schnell in den Looping zu fahren.
  d Wenn der Achterbahnwagen den ersten Hügel hinunterfährt, wird die Bewegungsenergie in Lageenergie umgewandelt.

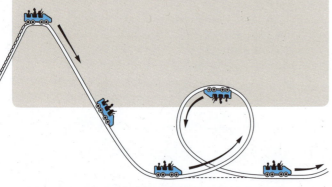

2 Beschreibe in zwei bis drei Sätzen einen Vorgang aus dem Alltag, bei dem eine Energieform in eine andere umgewandelt wird.

3 Plane selbstständig ein Experiment, mit dem du zeigen kannst: je mehr Spannenergie, desto mehr Bewegungsenergie.

4 Beschreibe Vorgänge, bei denen folgende Energieumwandlungen ablaufen:
  a Aus chemischer Energie wird elektrische Energie und aus der elektrischen Energie wird Strahlungsenergie.
  b Aus Strahlungsenergie wird elektrische Energie und dann Bewegungsenergie.
  Zeichne zu a und b je eine Energieumwandlungskette.

5 Recherchiere, was eine Rube-Goldberg-Maschine ist. Zeichne eine eigene Rube-Goldberg-Maschine und erkläre, wie deine Maschine funktioniert. Beantworte folgende Fragen: Wo wird Energie umgewandelt? Welche Energieformen kommen vor?

6 Im Winter plustern sich einige Vögel auf, sodass sie dicker aussehen. Überlege und schreibe auf, warum sie das tun.

7* Milan glaubt, dass ihn ein Daunenschlafsack wärmer hält als eine dicke Wolldecke. Denkst du, das stimmt? Begründe deine Antwort.

8 Ordne die Begriffe Wärmestrahlung, Wärmeströmung und Wärmeleitung den richtigen Buchstaben A, B und C im Bild zu.

9* Kristina ist der Meinung, dass man beim Energiewürfelszenario beim Teekochen die Energiewürfel nur schieben und nicht drehen muss. Hat sie recht? Begründe deine Antwort.

10 Überlege dir ein eigenes Energiewürfelszenario.

Arbeiten im Labor

6

IN DIESEM KAPITEL

... lernst du einiges über Stoffe und womit sich die Chemie beschäftigt.

... erfährst du wichtige Verhaltensregeln beim Experimentieren im Labor.

... bedienst du Gasbrenner, Waagen und andere Laborgeräte.

... nutzt du die GHS-Gefahrensymbole für einen sicheren Umgang mit Chemikalien.

... erkennst du Stoffe an ihren Eigenschaften.

... trennst du Gemische in ihre Reinstoffe.

... erklärst du Stoffeigenschaften und weitere stoffliche Phänomene mithilfe des Teilchenmodells.

Chemie – was ist das?

Chemie ist überall! Wenn du dich umschaust, siehst du viele Dinge: Du siehst Möbel, Kleidung, Nahrungsmittel, Häuser und noch vieles mehr. Diese Dinge nennt man in der Chemie **Gegenstände**. Gegenstände sind aus ganz unterschiedlichen Materialien hergestellt. Die Materialien nennt man in der Chemie **Stoffe**. Alle Gegenstände, aber auch wir selbst, bestehen aus Stoffen.

Die Chemie beschäftigt sich mit Stoffen. Chemikerinnen und Chemiker untersuchen Stoffe, stellen sie her oder verändern sie. Stoffe können in Stoffklassen geordnet werden, zum Beispiel nach Verwendung im Alltag. So gibt es zum Beispiel die Stoffklassen Farbstoffe, Nährstoffe, Wirkstoffe, Giftstoffe, Kunststoffe, Naturstoffe und viele andere.

> 1 ↗ Auf den Bildern 1 bis 6 erkennst du Gegenstände, die aus unterschiedlichen Stoffen bestehen. Schau dir die Bilder an und vergleiche sie mit der Bildlegende. Schreibe weitere Stoffe auf, die in der Bildlegende nicht erwähnt werden.

Bett aus *Holz*, Bettwäsche aus *Baumwolle* und *Farbstoffen*, Matratze aus *Schaumstoff*

Wecker aus *Eisen* und *Glas*

Zahnpasta aus *Kreidepulver*, *Marmorpulver*, *Sorbitol*, *Pyrophosphat*, *Aminfluorid* ...

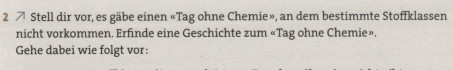

2 ↗ Stell dir vor, es gäbe einen «Tag ohne Chemie», an dem bestimmte Stoffklassen nicht vorkommen. Erfinde eine Geschichte zum «Tag ohne Chemie». Gehe dabei wie folgt vor:

a Wähle eine Stoffklasse, die es an deinem «Tag ohne Chemie» nicht gibt: zum Beispiel Farbstoffe, Nährstoffe, Wirkstoffe, Giftstoffe, Kunststoffe, Naturstoffe, Medikamente oder Reinigungsmittel.

b Schreibe deine gewählte Stoffklasse und sieben Stoffbeispiele auf.

c Schreibe deine Geschichte auf, in der die sieben Stoffbeispiele vorkommen. Erzähle deine Geschichte anschliessend deiner Sitznachbarin oder deinem Sitznachbarn.

d Schreibe auch die Stoffklasse und die Beispiele deiner Sitznachbarin oder deines Sitznachbarn auf.

5

Nahrungsmittel aus *Fett, Mehl, Wasser, Proteinen …*

Kleider aus *Baumwolle, Seide* oder *Kunstfasern*

4

Velorahmen aus *Aluminium*, Pneu aus *Gummi*

6

Regeln für die Arbeit im Labor

Im Labor wird mit Geräten und Chemikalien gearbeitet. **Chemikalien** werden alle Stoffe genannt, mit denen im Labor gearbeitet wird. Chemikalien können gefährlich sein. Damit weder die Gesundheit noch die Umwelt gefährdet werden, gibt es Regeln. Diese Regeln musst du beim Arbeiten im Labor beachten.

1 Lies die Regeln durch. Betrachte die Zeichnungen für richtige und falsche Verhaltensweisen. Überlege und diskutiere mit jemandem aus deiner Klasse: Was passiert, wenn die Regeln nicht befolgt werden?

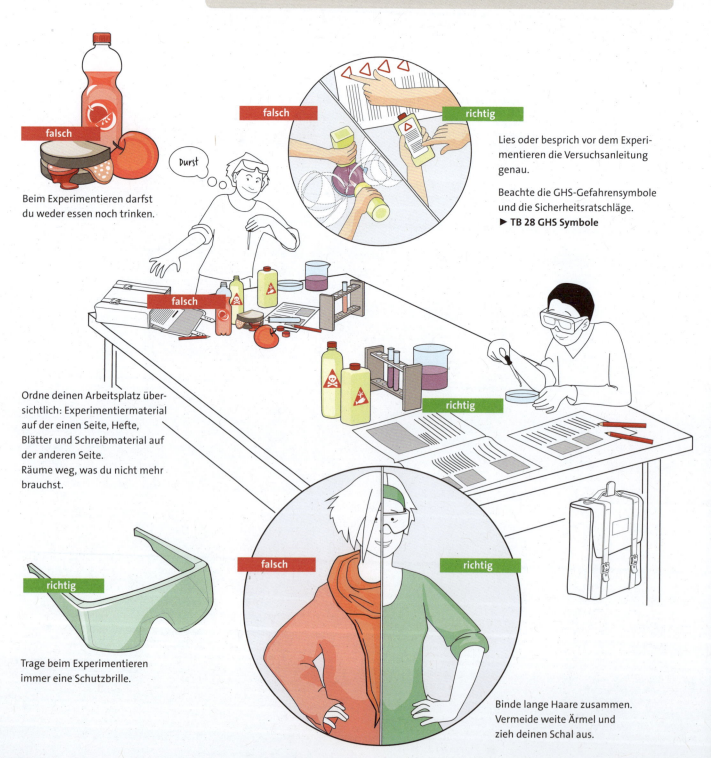

falsch

Beim Experimentieren darfst du weder essen noch trinken.

falsch   **richtig**

Lies oder besprich vor dem Experimentieren die Versuchsanleitung genau.

Beachte die GHS-Gefahrensymbole und die Sicherheitsratschläge.
► TB 28 GHS Symbole

Ordne deinen Arbeitsplatz übersichtlich: Experimentiermaterial auf der einen Seite, Hefte, Blätter und Schreibmaterial auf der anderen Seite.
Räume weg, was du nicht mehr brauchst.

richtig

richtig

Trage beim Experimentieren immer eine Schutzbrille.

falsch   **richtig**

Binde lange Haare zusammen. Vermeide weite Ärmel und zieh deinen Schal aus.

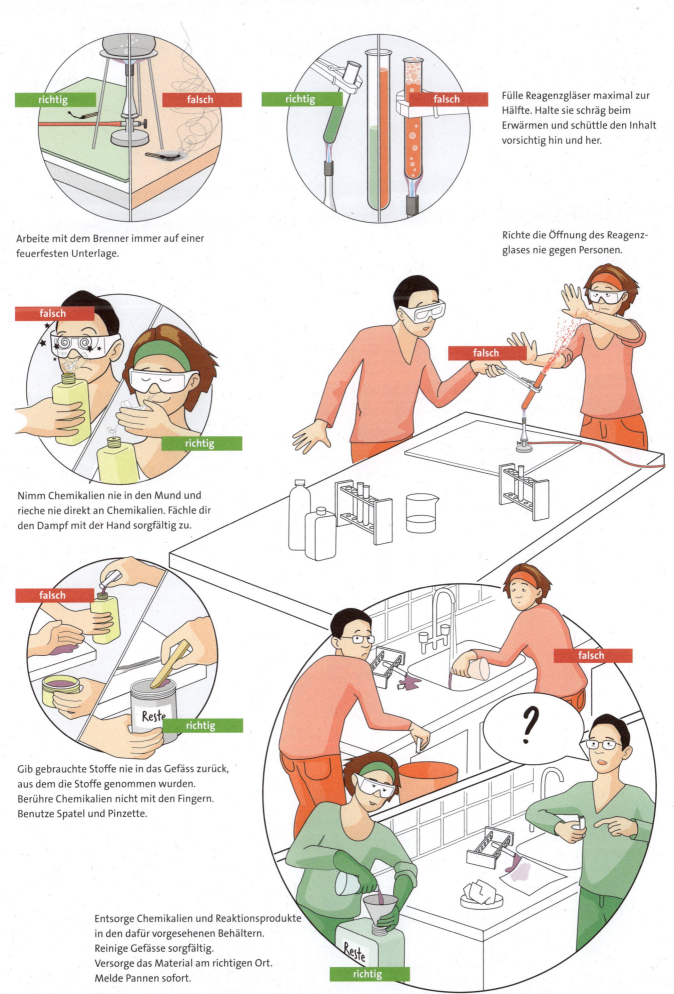

richtig | falsch

richtig | falsch

Fülle Reagenzgläser maximal zur Hälfte. Halte sie schräg beim Erwärmen und schüttle den Inhalt vorsichtig hin und her.

Arbeite mit dem Brenner immer auf einer feuerfesten Unterlage.

Richte die Öffnung des Reagenzglases nie gegen Personen.

falsch

richtig

falsch

Nimm Chemikalien nie in den Mund und rieche nie direkt an Chemikalien. Fächle dir den Dampf mit der Hand sorgfältig zu.

falsch

richtig

Reste

falsch

Gib gebrauchte Stoffe nie in das Gefäss zurück, aus dem die Stoffe genommen wurden. Berühre Chemikalien nicht mit den Fingern. Benutze Spatel und Pinzette.

?

Entsorge Chemikalien und Reaktionsprodukte in den dafür vorgesehenen Behältern. Reinige Gefässe sorgfältig. Versorge das Material am richtigen Ort. Melde Pannen sofort.

Reste

richtig

Der Gasbrenner und andere Heizquellen

▶ **AM 6.1** Wie der Gasbrenner funktioniert

Der Gasbrenner ist ein Gerät, das im Chemielabor sehr häufig gebraucht wird. Der Gasbrenner wird gebraucht, um Gegenstände oder Flüssigkeiten zu erhitzen. In diesem Unterkapitel erfährst du, wie der Gasbrenner funktioniert.

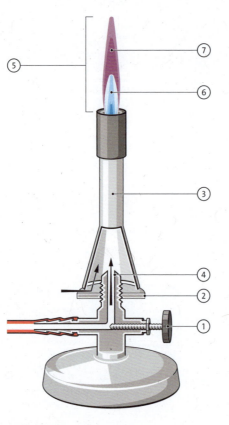

Bild 1 Aufbau des Gasbrenners

So funktioniert ein Gasbrenner

Für das Experimentieren im Chemielabor ist es wichtig, dass man die Hitze schnell und einfach regulieren kann. Gasbrenner (Bild 1) haben zwei Regulierknöpfe: die Gasregulierung (1) und die Luftregulierung (2). Mit der Gasregulierung kannst du einstellen, wie viel Gas in das Brennerrohr (3) strömt. Je mehr Gas zugefügt wird, desto grösser und heisser wird die Flamme. Damit das Gas gut brennen kann, braucht es Luft: Das Gas strömt aus der Gasdüse (4) und vermischt sich im Brennerrohr (3) mit der Luft. Mit der Luftregulierung steuerst du, wie viel Luft du zuführst. Je mehr Luft mit dem Gas vermischt wird, desto besser brennt das Gas und desto heisser wird die Flamme. Oben am Brennerrohr wird das Gemisch aus Luft und Gas mit einem Feuerzeug oder Streichholz angezündet. Es entsteht eine Flamme (5). Die Flamme hat einen Innenkegel (6) und einen Aussenkegel (7). An der Spitze des Innenkegels ist die Flamme am heissesten.

Es gibt verschiedene Arten von Gasbrennern. Alle Gasbrenner funktionieren wie oben beschrieben. Bei allen Gasbrennern kann reguliert werden, wie viel Gas und Luft zugeführt werden. Die Gasbrenner unterscheiden sich darin, welches Gas sie verbrennen: Beim Kartuschenbrenner (Bild 2) wird meist ein Gemisch aus Propangas und Butangas verbrannt. Beim Bunsenbrenner (Bild 3) und beim Teclubrenner (Bild 4) verwendet man Erdgas oder Propangas.

Bild 2 Kartuschenbrenner

Bild 3 Bunsenbrenner

Bild 4 Teclubrenner

Unterschiedlich heisse Flammen

Mit dem Gasbrenner kann man unterschiedliche Flammen erzeugen. Je nachdem, wie viel Luft über die Luftregulierung zugeführt wird, wird eine leuchtende Flamme oder eine rauschende Flamme erzeugt. Die **leuchtende Flamme** (Bild 5) erhältst du, wenn die Luftzufuhr sehr gering ist. Die Flamme ist gut sichtbar. Wenn du also den Gasbrenner eine kurze Zeit nicht brauchst, stellst du am besten die leuchtende Flamme ein. Sie ist höchstens 900 °C heiss. Wenn sie eingestellt ist, entsteht Russ. Die **rauschende Flamme** (Bild 6) erhältst du, wenn die Luftzufuhr gross ist. Die rauschende Flamme ist besonders heiss. Am heissesten ist sie an der Spitze des hellblauen Innenkegels. Dort sind bis 1500 °C möglich. Rauschende Flammen russen nicht. Wenn du den Gasbrenner benutzt, um etwas zu erhitzen, nimmst du am besten diese heisse, nicht russende Flamme. Dadurch werden deine Glaswaren nicht mit Russ verschmutzt.

Bild 5 Leuchtende Flamme   **Bild 6** Rauschende Flamme

⚑ Gut zu wissen

Die rauschende Flamme ist nicht gut sichtbar. Die leuchtende Flamme kannst du viel besser sehen. Stell also immer die Luftzufuhr wieder zurück, wenn du nicht mehr konzentriert mit der Flamme arbeitest. So bekommst du eine leuchtende Flamme, die du nicht übersehen kannst.

> 1 Übe das Arbeiten mit einem Gasbrenner in ▶ **AM 6.1.**

Andere Heizquellen

In einem Spritbrenner (Bild 7) wird Brennsprit verbrannt. Dies ist ähnlich wie beim Brenner eines Fonduerechauds. Der Spritbrenner heizt relativ schwach.

Eine elektrische Heizplatte wird zum Erwärmen von leicht entzündlichen Flüssigkeiten verwendet. Diese dürfen nicht mit dem Gasbrenner erwärmt werden. Manche elektrischen Heizplatten haben zusätzlich einen Magnetrührer (Bild 8). In der Heizplatte ist ein Magnet, der sich dreht, wenn der Rührer angestellt ist. Wenn man ein Magnetrührstäbchen in das Becherglas oder den Erlenmeyerkolben gibt, dreht sich das Magnetrührstäbchen auch. So kann man gleichzeitig heizen und rühren.

Bild 7 Spritbrenner   **Bild 8** Heizplatte mit Magnetrührer

Mit Chemikalien richtig umgehen

▶ **AM 6.2** Gefahrensymbole
▶ **TB 28** GHS-Symbole

Auf den Etiketten von Reinigungsmitteln im Haushalt, auf Baustoffen, auf Lösungsmitteln (Bild 1) und auf Tanksäulen an der Tankstelle (Bild 2) findest du oft verschiedene Symbole. Das sind dieselben Symbole, die du auch auf Chemikalien im Labor findest. Was die verschiedenen Symbole bedeuten, lernst du in diesem Unterkapitel.

Bild 1 Reinigungsmittel, Zementsack, Lösungsmittel wie Pinselreiniger, Verdünner oder Benzin

Bild 2 Tanksäule

Neun Symbole musst du kennen

Auf der ganzen Welt werden Chemikalien gleich gekennzeichnet. Das System, das entwickelt wurde, um Chemikalien zu kennzeichnen, heisst **Globally Harmonized System**. Es wird mit **GHS** abgekürzt. Es gibt neun GHS-Gefahrensymbole (Bild 3).

Wenn Totenschädel, Flammen oder Explosionen auf Behältern mit Chemikalien abgebildet sind, musst du mit den Stoffen in den Behältern besonders vorsichtig umgehen. Halte die Sicherheitsmassnahmen ein und arbeite konzentriert und überlegt. Dann ist der Umgang mit diesen Stoffen sicher. In der Toolbox (▶ **TB 28 GHS-Symbole**) findest du eine Tabelle der neun Gefahrensymbole mit Verhaltensanweisung, Gefahrenbeschreibung und Beispielen. Zusätzliche Informationen findest du auf der Internetseite des Bundesamtes für Gesundheit: www.cheminfo.ch

Die Chemielaborantin und der Chemielaborant analysieren Chemikalien und wenden dabei verschiedene messtechnische Verfahren an. Sie planen die praktischen Arbeitsabläufe im Labor, protokollieren die Durchführung und werten die Ergebnisse aus.

Bild 3 Die neun GHS-Gefahrensymbole

Im Notfall richtig reagieren

145 ist die Notfallnummer von Tox Info Suisse. Tox Info Suisse gibt dir rund um die Uhr ärztliche Auskunft bei Ereignissen und Unfällen mit chemischen Stoffen.

Wenn ätzende Flüssigkeiten ins Gesicht oder trotz Schutzbrille in die Augen gelangen, musst du sofort mit viel Wasser spülen. Viel Wasser hilft dir auch bei Verbrennungen und Verbrühungen. Halte den verletzten Körperteil sofort während fünf Minuten unter fliessendes, handwarmes Wasser aus dem Wasserhahn.

 Beachte

Wenn ein Notfall mit Chemikalien eintritt, dann gilt:
- Ruhe bewahren,
- Produkt bereithalten,
- Notfallnummer 145 anrufen,
- Anweisungen der Fachpersonen am Telefon befolgen.

Abfälle gehören in den richtigen Behälter

Im Schullabor werden Abfälle erzeugt. Die Abfälle müssen bewusst und zum Teil gesondert entsorgt werden. Beachte dazu immer auch die Hinweise in den Anleitungen zu den Experimenten und die Anweisungen der Lehrperson.

- **Lösungsmittel / Öle**: Flüssigkeiten wie Benzin, Motorenöl oder Nagellackentferner gehören in den Behälter für Lösungsmittel-Abfälle (Bild 4).

Bild 4 Etikette eines Lösungsmittel-Abfallbehälters

- **Schwermetalle**: Manchmal enthalten Flüssigkeiten giftige Metalle (zum Beispiel Chrom, Kupfer oder Zink). Diese Abfälle gehören in den Behälter für Schwermetall-Abfälle (Bild 5).

Bild 5 Etikette eines Schwermetall-Abfallbehälters

- **Glasbruch**: Gläser aus dem Chemielabor gehören nicht in die Glassammlung der Haushalte. Die Spezialgläser aus dem Chemielabor haben andere Schmelztemperaturen als das Glas aus dem Haushalt. Ausserdem sind die Gläser aus dem Chemielabor manchmal mit giftigen Stoffen verunreinigt.

- **Übrige Abfälle** wie Restmüll, PET, Aluminium und Papier kennst du aus deinem Alltag. Entsorge sie in den entsprechenden Behältern.

Laborgeräte richtig verwenden

▸ **AM 6.3** Volumenbestimmung
▸ **AM 6.4** Massenbestimmung
▸ **OM 6.2** Laborgeräte darstellen
▸ **TB 9** Messen I
▸ **TB 14** Zeichnung erstellen
▸ **TB 29** Laborgeräte

Im Labor arbeitest du häufig mit verschiedenen Laborgeräten. In diesem Unterkapitel erfährst du, wie du richtig mit den Laborgeräten umgehst.

> **1** ↗ In der Toolbox (▸ **TB 29 Laborgeräte**) findest du eine Zusammenstellung der wichtigsten Laborgeräte. Lerne die korrekten Bezeichnungen.

Laborgeräte bestehen häufig aus Glas oder aus Kunststoff. Glas ist hitzebeständig, einfach zu reinigen und zerbrechlich.

Bild 1 Glaswaren

Glaswaren (Bild 1), insbesondere Bechergläser und verschiedene Glaskolben, können mit dem Gasbrenner erhitzt werden. Sie lassen sich mit passenden Bürsten einfach reinigen. Behandle die Glaswaren sorgfältig, damit sie nicht zerbrechen.

Bild 2 Kunststoffgeräte

Kunststoff ist nicht zerbrechlich und nicht hitzebeständig. **Kunststoffgeräte** (Bild 2) darfst du nicht mit dem Gasbrenner erhitzen. Verwende höchstens warmes Wasser. Je nach Inhalt sind die Kunststoffgeräte schlecht zu reinigen.

 Beachte

Wenn Glasteile mit Gummistopfen verbunden werden oder wenn ein Glasrohr oder Thermometer in das Loch eines Gummistopfens gesteckt werden soll, verwendet man Glycerin als Gleitmittel. Anderenfalls besteht die Gefahr, dass das Glasrohr oder das Thermometer bricht.

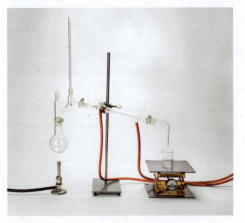

Bild 3 Destillationsapparatur

Häufig werden Glasteile miteinander kombiniert, zum Beispiel bei einer Destillationsapparatur (Bild 3). Dazu brauchst du zusätzlich Stativmaterial, Thermometer, Gummischläuche, Heizquellen und andere Spezialteile.

Stoffe an ihren Eigenschaften erkennen

In der Chemie werden Stoffe untersucht, verändert und geschaffen. Dazu ist es wichtig, sie anhand ihrer Eigenschaften zu erkennen. In diesem Unterkapitel lernst du verschiedene Eigenschaften von Stoffen kennen.

Im Alltag kannst du Stoffe mit deinen Sinnen wahrnehmen:

- Sieht ein Apfel rot und glänzend aus, wirkt er frisch und du beisst gerne hinein.
- Fühlt sich der Apfel matschig an, ist er nicht mehr geniessbar.
- Hörst du, wie jemand Chips knuspert, weisst du, dass die Chips frisch sind.
- Wenn es verbrannt riecht, weisst du, dass der Kuchen zu lange im Backofen war.

Auch im Chemielabor kannst du die Eigenschaften von Stoffen manchmal mit den Sinnen wahrnehmen. Häufig musst du aber bestimmte Eigenschaften mit Messgeräten messen, denn deine Sinne sind nicht objektiv. Zusätzlich ist Anfassen oder Riechen bei unbekannten Stoffen gefährlich. Die folgenden Beispiele zeigen dir, welche Eigenschaften verschiedene Stoffe unterscheiden.

▶ **AM 6.5** Stoffeigenschaften experimentell bestimmen
▶ **AM 6.6** Werkstatt Stoffeigenschaften
▶ **AM 6.7** Siedekurve und Siedepunkt von Wasser
▶ **AM 6.8** Schmelz- und Siedepunkt
▶ **AM 6.9** Dichte von Festkörpern und Flüssigkeiten bestimmen
▶ **OM 6.3** Schmelzpunkt von Wasser
▶ **OM 6.4** Dichte von Gasen bestimmen
▶ **TB 8** Untersuchen
▶ **TB 13** Diagramm erstellen

Magnetisch oder nicht?

Eisen, Nickel und Kobalt sind magnetisch. Alle anderen Metalle wie Aluminium, Kupfer oder Gold sind nicht magnetisch. Mit einem Magnet können Eisendosen aus dem Dosenberg (Bild 1) oder alte Münzen aus reinem Nickel aus dem Münzhaufen (Bild 2) herausgefischt werden.

Bild 1 Büchsen, Dosen und Kanister aus Metall

Bild 2 Münzen

Hart oder weich?

Stoffe sind unterschiedlich hart. Glas ist hart. Diamant ist noch härter. Diamant ist der härteste natürliche Stoff. Mit einem Werkzeug mit einer Spitze aus Diamant kann man Glas gravieren (Bild 3). Eine Matratze ist weich. Sie verformt sich, wenn jemand darauf liegt (Bild 4).

Bild 3 Glas gravieren

Bild 4 Matratze

Schwimmen oder sinken?

Ob etwas im Wasser schwimmt oder darin sinkt, hängt von der Dichte ab. Die **Dichte** ist die Masse eines Gegenstands oder eines Stoffs geteilt durch sein Volumen. Die Dichte von Eis ist kleiner als die Dichte von Wasser. Deshalb schwimmt ein Eisberg im Wasser (Bild 5). Eisen hat eine grössere Dichte als Wasser. Deshalb geht ein Schiff aus Eisen unter, wenn es beschädigt ist (Bild 6).

Bild 5 Schwimmender Eisberg

Bild 6 Versunkenes Schiff

Bild 7 Wasserlöslicher Filzstift

Wasserlöslich oder nicht?

Filzstifte sind in verschiedenen Versionen erhältlich: wasserfest (permanent) und wasserlöslich (non-permanent, Bild 7). Ein Fettfleck ist wasserfest (Bild 8), deshalb kannst du ihn mit Wasser allein nicht auswaschen.

Bild 8 Wasserfester Fettfleck

Bild 9 Fahrleitung

Elektrisch leitend oder nicht?

Metalle wie zum Beispiel in Fahrleitungen (Bild 9) leiten den elektrischen Strom sehr gut. Der elektrische Strom darf nicht von den Fahrleitungen in die Masten fliessen, deshalb gibt es zwischen den Fahrleitungen und den Masten Isolatoren (Bild 10). Isolatoren leiten den elektrischen Strom nicht.

Bild 10 Isolator

Bild 11 Kochtopf

Wärme leitend oder nicht?

Edelstahl leitet Wärme gut. Deshalb hat der Kochtopf (Bild 11) einen Boden aus Edelstahl. Ein dicker Daunenschlafsack sorgt dafür, dass die Wärme des Körpers nicht nach aussen gelangt (Bild 12). So bleibt es im Daunenschlafsack warm.

Bild 12 Übernachten im Iglu

Bild 13 Zitrone

Sauer oder basisch?

Zitronen (Bild 13) oder Essig sind sauer. Laugengebäck (Bild 14) wird vor dem Backen in Natronlauge getaucht. Natronlauge ist basisch. Basisch ist das Gegenteil von sauer. Mit pH-Papier unterscheidest du saure oder basische Stoffe.

Bild 14 Laugengebäck

Bild 15 Wildes Feuer

Brennbar oder nicht?

Holz brennt, Laub auch. Deshalb ist ein wildes Feuer (Bild 15) gefährlich. Der Rand aus Steinen (Bild 16) schützt die Umgebung vor dem Feuer, da Steine nicht brennen.

Bild 16 Lagerfeuer mit Steinrand

1 ↗ Schreibe zu jeder der Stoffeigenschaften ein weiteres Beispiel auf.

Aggregatzustand fest, flüssig oder gasförmig

Als **Aggregatzustand** werden die unterschiedlichen Zustände eines Stoffes bezeichnet. Es gibt drei Aggregatzustände: **fest**, **flüssig** und **gasförmig**. Einige Beispiele verschiedener Aggregatzustände desselben Stoffs kennst du: Bei den Stoffen Wasser (Bild 17) und Kerzenwachs (Bild 18) konntest du die Aggregatzustände sicher schon beobachten.

🚩 **Gut zu wissen**

Im Englischen heissen die Aggregatzustände solid, liquid und gaseous. Deshalb werden die Aggregatzustände auch mit s, l und g abgekürzt: fest (s), flüssig (l) und gasförmig (g).

Bild 17 Wasser ist unter 0 °C fest (Eis) und über 100 °C gasförmig (Wasserdampf).

Bild 18 Kerzenwachs ist bei 20 °C fest und schmilzt bei etwa 60 °C.

Durch eine Änderung der Temperatur kann der Aggregatzustand eines Stoffs geändert werden. Die Übergänge zwischen den verschiedenen Aggregatzuständen haben spezielle Namen. Am Beispiel von Wasser ist das in Bild 19 dargestellt. Der Übergang von einem festen Stoff zu einem flüssigen Stoff heisst schmelzen (1). Die Temperatur, bei der ein fester Stoff schmilzt, heisst **Schmelzpunkt**. Der Übergang von einem flüssigen Stoff zu einem gasförmigen Stoff heisst verdampfen oder sieden (2). Die Temperatur, bei der ein flüssiger Stoff gasförmig wird, heisst **Siedepunkt**. Der Übergang von einem gasförmigen Stoff zu einem flüssigen Stoff heisst kondensieren (3). Der Übergang von einem flüssigen Stoff zu einem festen Stoff heisst gefrieren oder erstarren (4). Der direkte Übergang von einem festen Stoff zu einem gasförmigen Stoff heisst sublimieren (5). Die Umkehrung, also der Übergang von gasförmig zu fest, heisst resublimieren (6).

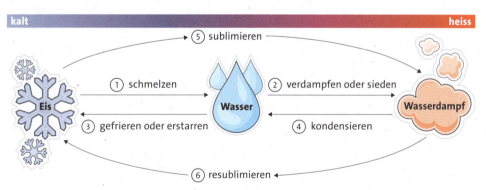

Bild 19 Übergänge zwischen den Aggregatzuständen am Beispiel von Eis (fest), Wasser (flüssig) und Wasserdampf (gasförmig)

Stoffe unterscheiden sich in ihren Schmelzpunkten und Siedepunkten. Deshalb können die Schmelz- und Siedepunkte genutzt werden, um Stoffe zu identifizieren. Zum Beispiel haben Sauerstoff, Wasser und Eisen die folgenden Schmelz- und Siedepunkte:

	Schmelzpunkt	Siedepunkt
Sauerstoff	−219 °C	−183 °C
Wasser	0 °C	100 °C
Eisen	1535 °C	2750 °C

2 ↗ Schreibe je vier Stoffe auf, die bei 25 °C
a) fest, b) flüssig und
c) gasförmig sind.

Trennverfahren im Labor

▶ **AM 6.10** Tee und Milch

▶ **AM 6.11** Vom Steinsalz zum Kochsalz

▶ **AM 6.12** Chromatografie mit
     Filzstiftfarben

▶ **OM 6.6** Kaffeezubereitung

▶ **OM 6.7** Wie funktioniert Chromatografie?

▶ **OM 6.8** Chromatografie von
     Blattfarbstoffen

Manchmal sind mehrere Stoffe zusammengemischt. Das nennt man **Stoffgemisch**. Um Stoffgemische zu untersuchen oder Bestandteile davon zu nutzen, trennt man sie in ihre einzelnen Stoffe auf. In diesem Unterkapitel lernst du Verfahren zur Stofftrennung kennen.

Filtrieren

Die **Filtration** (Bild 1) wird verwendet, um flüssige Stoffe von festen Stoffen zu trennen. Dazu gibt man das Stoffgemisch (1) durch einen Filter (2). Der Filter besteht aus einem Filterpapier (3) in einem Trichter (4). Das Filterpapier hat kleine Poren (5). Die flüssigen Stoffe können durch die Poren fliessen. Die Stoffe, die durch die Poren geflossen sind, nennt man **Filtrat** (6). Die festen Stoffe bestehen aus kleinen Stückchen. Die Stückchen sind zu gross für die Poren. Sie bleiben im Filter hängen. Was im Filter zurückbleibt, wird **Rückstand** (7) genannt.

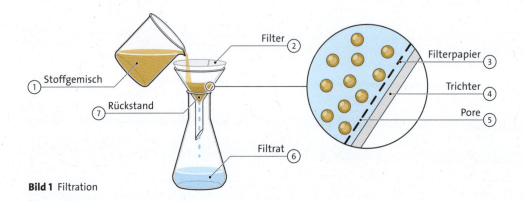

Bild 1 Filtration

Extrahieren

Die **Extraktion** (Bild 2) wird angewendet, um ein Stoffgemisch aus Stoffen zu trennen, die auf unterschiedliche Weise löslich sind. Zum Beispiel enthalten Kaffeebohnen Farb- und Aromastoffe. Diese Stoffe lösen sich gut in Wasser. Andere Stoffe der Kaffeebohne lösen sich nicht gut in Wasser, zum Beispiel Fette. Wenn man die gemahlenen Bohnen in heisses Wasser gibt, lösen sich die Farb- und Aromastoffe. Die gemahlenen Bohnen sind das Stoffgemisch (1), das Wasser ist das Lösungsmittel (2). Man hat die Farb- und Aromastoffe aus den Kaffeebohnen herausgelöst (extrahiert). Durch den Filter wird der gelöste Kaffee anschliessend von den Bohnen getrennt. So erhält man den Kaffee, den **Extrakt** (3).

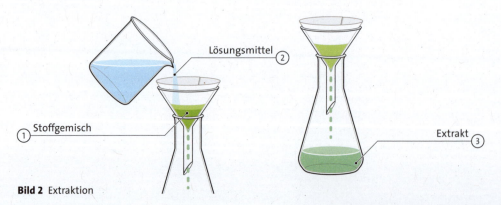

Bild 2 Extraktion

Destillieren

Bei der **Destillation** (Bild 3) wird ein Stoffgemisch (1) getrennt, das aus mehreren flüssigen Stoffen besteht. Man erhitzt das Stoffgemisch, bis der Stoff mit dem tiefsten Siedepunkt verdampft. Die anderen Stoffe bleiben flüssig. Die Dämpfe des Stoffs mit dem tiefsten Siedepunkt bleiben im System gefangen und werden an anderer Stelle (2) wieder abgekühlt. Beim Abkühlen kondensieren die Stoffdämpfe und werden wieder flüssig. Die entstehende Flüssigkeit nennt man **Destillat**. Das Destillat (3) kann man auffangen.

Bild 3 Destillation

Adsorbieren

Bei der **Adsorption** (Bild 4) wird ein Stoffgemisch getrennt, indem sich Stoffe aus dem Stoffgemisch an einem sogenannten Haftstoff anlagern. Wenn man zum Beispiel zu einem wässrigen farbigen Stoffgemisch Aktivkohle als Haftstoff dazugibt (1), lagern sich die Farbstoffe an der Aktivkohle an (2). Jetzt kann man das Gemisch filtrieren: Das Wasser fliesst durch den Filter. Die Aktivkohle mit dem adsorbierten Farbstoff bleibt im Filter hängen (3). Das Wasser ist nach dem Filtrieren farblos.

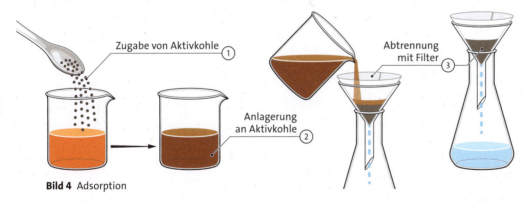

Bild 4 Adsorption

Chromatografieren

Bei der **Chromatografie** (Bild 5) werden Stoffe aus einem Stoffgemisch getrennt, indem die einzelnen Stoffe verschieden gut auf einem anderen Material wandern. Dazu trägt man kleinste Mengen eines Stoffgemischs auf ein Trägermaterial auf, zum Beispiel Farben aus Filzstiften (1) auf Löschpapier. Das Trägermaterial (2) hängt oder stellt man in ein Becherglas mit einem Lösungsmittel (3), zum Beispiel Wasser. Das Lösungsmittel wird auch Laufmittel genannt. Das Trägermaterial saugt das Laufmittel auf und das Stoffgemisch wird vom Laufmittel mitgenommen. Auf seiner Wanderung über das Trägermaterial bleiben die verschiedenen Farbstoffe an unterschiedlichen Stellen am Trägermaterial hängen. So werden die Farbstoffe aus den Filzstiften aufgetrennt.

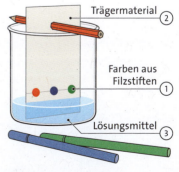

Bild 5 Chromatografie

Trennverfahren im Alltag

▶ **AM 6.13** Sauberes Wasser
▶ **AM 6.14** Abfalltrennung
in deinem Haushalt

Hast du dir schon einmal überlegt, dass du auch in deinem Alltag immer wieder Stoffe voneinander trennst? Darum geht es in diesem Unterkapitel.

Waschmaschine

In einer Waschmaschine werden verschiedene Stoffe voneinander getrennt. Zuerst löst die Waschmaschine mit dem Waschmittel den Schmutz von der Wäsche. Dann entfernt die Waschmaschine beim Spülen mit sauberem Spülwasser das Waschmittel. Beim Schleudern am Schluss wird möglichst viel Wasser aus der Wäsche entfernt.

Abwasserreinigungsanlage (ARA)

In unserem Abwasser befinden sich viele Stoffe, die nicht in Bäche oder Flüsse gehören, zum Beispiel Sand, Fäkalien, WC-Papier, Bestandteile von Wasch- und Spülmitteln oder Reste von Medikamenten. In der Abwasserreinigungsanlage (Bild 1) werden möglichst viele dieser Stoffe entfernt, bevor das gereinigte Wasser in ein Gewässer eingeleitet wird.

Bild 1 Abwasserreinigungsanlage

Abfall im Haushalt

Leere Verpackungsmaterialien und defekte Geräte müssen entsorgt werden. Im Abfall stecken viele wertvolle Stoffe, die man wiederverwenden kann. Dadurch kann man in der Neuproduktion von Materialien und Geräten viele Stoffe einsparen. Diese Wiederverwertung heisst **Recycling**. Wenn du bereits bei der Entsorgung deine Abfälle sortierst (Bild 2), können sie besonders gut wiederverwertet werden.

⚑ **Gut zu wissen**

Zusätzliche Informationen zur korrekten Entsorgung von Abfällen findest du auf der Homepage deiner Wohngemeinde oder bei Swiss Recycling.

Bild 2 Abfalltrennung

Reinstoffe und Gemische

In Unterkapitel 6.7 hast du Verfahren kennen gelernt, wie Stoffgemische aufgetrennt werden können. Stoffgemische werden auch einfach **Gemische** genannt. Gemische bestehen aus verschiedenen **Reinstoffen**. In diesem Unterkapitel erfährst du mehr über die Unterscheidung von Reinstoffen und Gemischen.

► **AM 6.15** Wortsuchrätsel: Gemische benennen
► **OM 6.9** Reinstoffe und Gemische unterscheiden
► **TB 26** Ordnen

Homogene und heterogene Gemische

Es gibt verschiedene Arten von Gemischen. Kannst du bei einem Gemisch die einzelnen Reinstoffe mit blossem Auge oder mit der Lupe erkennen, ist es ein **heterogenes Gemisch**. Wenn du die einzelnen Reinstoffe nicht erkennen kannst, ist es ein **homogenes Gemisch**. Je nach Aggregatzustand der beteiligten Stoffe haben die Gemische unterschiedliche Bezeichnungen (Bild 1).

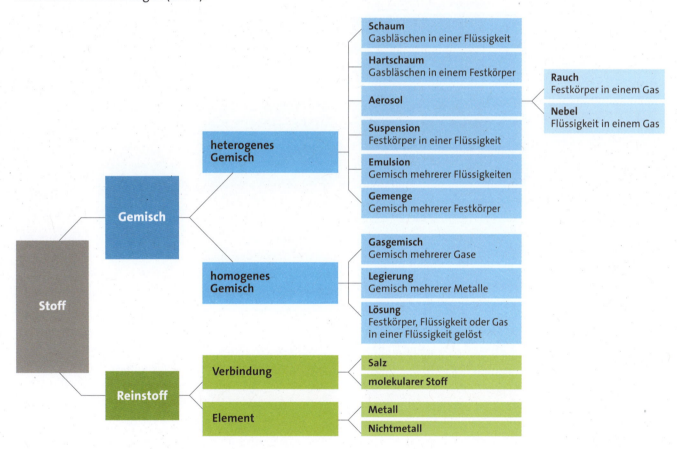

Bild 1 Übersicht der verschiedenen Bezeichnungen von Stoffen

Die Unterscheidung der Reinstoffe lernst du in Kapitel 7 «Chemische Reaktionen untersuchen und einordnen» kennen.

Unsere Welt besteht aus kleinen Teilchen

▶ **OM 6.10** Aggregatzustände
im Teilchenmodell 🎞
▶ **TB 25** Modelle nutzen

Hast du dir einmal überlegt, warum du nach einiger Zeit ein Parfüm im ganzen Raum riechst, wenn du eine Parfümflasche öffnest? Oder warum der Tee süss schmeckt, wenn du einen Löffel Zucker in die Tasse hineinstreust? Um diese und ähnliche Fragen beantworten zu können, lernst du in diesem Unterkapitel das Modell der kleinsten Teilchen kennen.

Das Modell der kleinsten Teilchen

Unsere Welt besteht aus kleinsten Teilchen, so wie die Skulptur in Bild 1 aus vielen kleinen Lego-Klötzchen besteht.

Bild 1 Skulptur aus Lego-Klötzchen von Nathan Sawaya

Die kleinsten Teilchen sind zu klein, um sie sehen zu können. Deshalb kannst du nicht sehen, was in den Stoffen passiert, wenn du eine Veränderung beobachtest. Um Veränderungen erklären zu können, dachten sich Chemikerinnen und Chemiker Modelle aus, welche die nicht mehr sichtbare Welt der Teilchen beschreiben. Weil man sich die Modelle nur ausdenkt, werden sie **Denkmodelle** genannt. Das Teilchenmodell ist ein solches Denkmodell über die Welt der kleinsten Teilchen.

Beim **Teilchenmodell** geht man von der Vorstellung aus, dass ein Stoff aus kleinsten Teilchen besteht. Für die Erklärung von vielen Phänomenen reicht es aus, sich die Teilchen als kleine, runde Kugeln vorzustellen. Tatsächlich sehen diese kleinsten Teilchen anders aus. Andere Modelle, wie du dir die kleinsten Teilchen vorstellen kannst, lernst du in Kapitel 7 und in NaTech 9 kennen.

Aggregatzustände im Teilchenmodell

Die drei Aggregatzustände flüssig, fest und gasförmig hast du bereits in Unterkapitel 6.6 kennen gelernt. Nun schauen wir die Aggregatzustände im Teilchenmodell an. Die Teilchen kannst du dir dabei wie kleine Kugeln vorstellen. Je nach Aggregatzustand und Temperatur eines Stoffs bewegen sich die Teilchen unterschiedlich.

Im Gas bewegen sich die Teilchen geradlinig wie zum Beispiel Billardkugeln, bis sie mit einem anderen Teilchen oder mit der Gefässwand zusammenstossen. In einer Flüssigkeit gibt es mehr Teilchen, sodass sich die Teilchen nicht mehr so geradlinig bewegen können wie im Gas. Denn es sind immer wieder andere Teilchen im Weg. Im Festkörper bleiben die Teilchen an ihrem Platz und zittern nur.

Ist die Temperatur sehr hoch, bewegen sich die Teilchen sehr schnell. Beim Abkühlen wird die Bewegung der Teilchen immer langsamer. Bei −273.15 °C sind die Teilchen nicht mehr in Bewegung. Dann ist der absolute Nullpunkt erreicht und es kann nicht mehr kälter werden. In Tabelle 1 sind Merkmale für die Aggregatzustände im Teilchenmodell zusammengestellt.

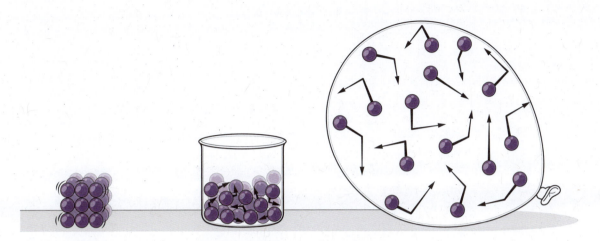

fest	flüssig	gasförmig
Die Teilchen sind sehr eng beieinander.	Die Teilchen sind eng beieinander.	Die Teilchen sind weit voneinander entfernt. Sie nehmen sämtlichen zur Verfügung stehenden Raum ein.
Die Teilchen haben feste Plätze. Sie sind geordnet.	Die Teilchen haben keine festen Plätze. Sie können sich verschieben. Sie sind ungeordnet.	Die Teilchen haben keine festen Plätze. Sie bewegen sich frei. Sie sind ungeordnet.
Die Teilchen zittern an ihrem Platz hin und her.	Die Teilchen sind in Bewegung, stossen aneinander und verschieben sich gegenseitig.	Die Teilchen bewegen sich frei im Raum. Selten prallen sie aneinander.
Die Teilchen ziehen sich gegenseitig an.	Die Teilchen ziehen sich gegenseitig an. Sie können sich trotzdem aneinander vorbeibewegen, weil sie schnell genug sind.	Die Teilchen können sich gegenseitig nicht anziehen, denn sie sind zu weit voneinander entfernt. Wenn sie aneinanderstossen, prallen sie wieder voneinander ab, denn ihre Bewegungsenergie ist sehr gross.

Tabelle 1 Merkmale der Aggregatzustände im Teilchenmodell

⚑ Gut zu wissen

Die Teilchen eines Gases brauchen etwa 1000-mal so viel Raum wie die Teilchen einer Flüssigkeit. Bei identischem Druck und gleicher Temperatur befinden sich bei allen Gas-Sorten in einem bestimmten Volumen immer genau gleich viele Teilchen.

1 ↗ Betrachte die Animation zu den Aggregatzuständen im Teilchenmodell in ▶ OM 6.10. Beschreibe, wie sich die Teilchen beim absoluten Nullpunkt, im Festkörper, in der Flüssigkeit und im Gas verhalten.

2 ↗ Erkläre mithilfe des Teilchenmodells, warum ...

a ... du nach einiger Zeit ein Parfüm im ganzen Raum riechst, wenn du eine Parfümflasche öffnest.

b ... der Tee süss schmeckt, wenn du einen Löffel Zucker in die Tasse hineinstreust.

c ... ein stromdurchflossener Draht sowohl warm als auch länger wird.

Das Teilchenmodell ermöglicht Erklärungen

▶ **AM 6.16** Phänomene werden erklärbar
▶ **OM 6.11** Das Teilchenmodell liefert Erklärungen für Stoffeigenschaften
▶ **TB 25** Modelle nutzen

In diesem Unterkapitel wird an verschiedenen Beispielen gezeigt, wie man mit dem Teilchenmodell Phänomene erklären kann.

Wäsche trocknen

Wäsche trocknet am besten, wenn sie offen herumhängt und viel Luft dazukommt (Bild 1). In der Waschmaschine ist die Wäsche nass. Die Wasserteilchen können nirgendwo hin und bleiben in der Wäsche. In einem Wäschekorb kommt mehr Luft an die Wäsche und die Wasserteilchen aus der Wäsche können sich in der Luft verteilen. An der Wäscheleine können sich die Wasserteilchen am besten aus der Wäsche lösen, weil die meiste Luft an die Wäsche kommt. Die Wasserteilchen können sich in der Luft verteilen, weil sich Wasserteilchen und Stoffteilchen gegenseitig kaum anziehen.

Gewebeteilchen · Wasserteilchen · Luftteilchen

Bild 1 Wäsche trocknet mit Luft.

Würfelzucker löst sich in Tee

Damit Tee süss wird, kannst du Würfelzucker in den Tee geben. In Bild 2 siehst du, wie Würfelzucker in Wasser gelöst wird. Die Zuckerteilchen lösen sich aus ihrer geordneten Struktur und verteilen sich im Wasser. Wenn du umrührst und wenn du heisses Wasser nimmst, löst sich der Zucker schneller.

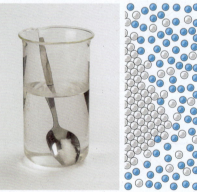

Bild 2 Ein Stück Würfelzucker löst sich in Wasser.

Filtration

Bei der Filtration von einem Sand-Wasser-Gemisch (Bild 3) bleibt Sand im Filterpapier hängen. Wasser fliesst durch die Filterporen hindurch. Die Sandkörner aus vielen Sand-teilchen sind zu gross für die Filterporen. Sie passen nicht hindurch. Die Wasserteilchen sind kleiner als die Poren.

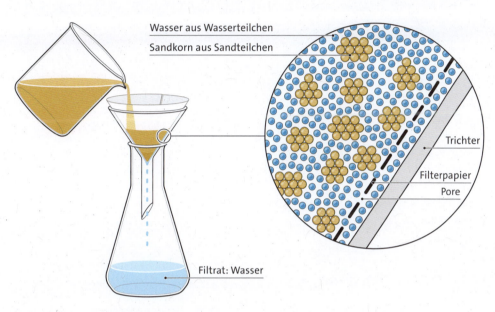

Bild 3 Filtration eines Sand-Wasser-Gemischs

1   Beobachte und erkläre Phänomene mithilfe des Teilchenmodells in ▶ **AM 6.16**.

2   Beobachte und erkläre Stoffeigenschaften mithilfe des Teilchenmodells in ▶ **OM 6.11**.

3   ↗ Zeichne eine dreiteilige Bildergeschichte, wie du dir die Chromatografie im Teilchenmodell vorstellst. Zeichne im ersten Bild die Situation nach dem Auftragen des Stoffgemischs auf das Trägermaterial, im zweiten Bild die Situation während des Aufsaugens des Laufmittels und im dritten Bild die Situation nach Beendigung der Chromatografie.

Teste dein Können

↗

1 Nenne vier Punkte, auf die du beim Umgang mit Chemikalien achten musst.

2 Nenne fünf Vorgehensweisen, die der Sicherheit im Labor dienen.

3 Reine Stoffe kannst du an ihren Eigenschaften erkennen. Nenne jeweils fünf Stoffeigenschaften von Gold, Wasser, Kochsalz und Holz.

4 Begründe, warum Form, Grösse, Temperatur und Masse keine Eigenschaften sind, mit denen du einen Stoff identifizieren kannst.

5 Beschreibe, wie du die folgenden Gemische trennen kannst:
  a Öl und Wasser,
  b Pfeffer und Salz,
  c Goldmünzen, Silbermünzen und Nickelmünzen.

6 Nenne die Grössenordnungen der Dichte von Festkörpern, Flüssigkeiten und Gasen und begründe sie mit dem Teilchenmodell.

7 Erkläre mit dem Teilchenmodell, was passiert, wenn Kerzenwachs schmilzt.

8 Erkläre den absoluten Nullpunkt mit dem Teilchenmodell.

9 Erkläre mit dem Teilchenmodell die Funktionsweise einer wasserdichten und atmungsaktiven Goretex-Jacke.

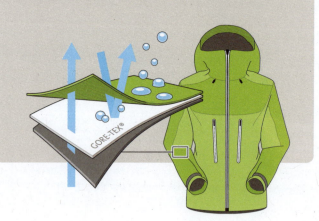

Chemische Reaktionen untersuchen

IN DIESEM KAPITEL

... erkundest du chemische Reaktionen.

... lernst du Fachbegriffe zu chemischen Reaktionen kennen.

... beschreibst du chemische Reaktionen.

... beschäftigst du dich mit der Energie bei chemischen Reaktionen.

... lernst du die Fotosynthese als wichtige chemische Reaktion auf der Erde kennen.

... erhältst du Einblicke in das Periodensystem der Elemente.

Chemische Reaktionen

▶ **AM 7.1** Chemische Reaktionen
▶ **OM 7.1** Ausgangsstoffe und Produkte

Im letzten Kapitel hast du den Unterschied zwischen einem Reinstoff und einem Stoffgemisch kennen gelernt. Wenn du zwei Stoffe zusammengibst, können sich die Stoffe vermischen. Zum Beispiel entsteht beim Zusammengeben von Salz und Wasser eine homogene Salzlösung. Wenn du zwei Stoffe zusammengibst, kann es aber auch sein, dass die Stoffteilchen sich nicht nur vermischen, sondern miteinander reagieren. Das bedeutet, dass die zusammengegebenen Stoffe in neue Stoffe umgewandelt werden. Diese Umwandlung heisst **chemische Reaktion**. Die Stoffe, mit denen eine chemische Reaktion beginnt, heissen **Ausgangsstoffe**. Die Stoffe, die neu entstehen, heissen **Produkte**. Bei einer chemischen Reaktion werden also Ausgangsstoffe in Produkte umgewandelt. Dabei bleiben die Grundbausteine, aus denen die Stoffe bestehen, alle erhalten. Die Grundbausteine verbinden sich aber anders.

---

1 Besprich mit jemandem aus deiner Klasse, welche der Veränderungen chemische Reaktionen sind und welche nicht:

   a Eis auftauen
   b einen Kuchen backen
   c flüssige Schokolade fest werden lassen
   d ein Spiegelei braten
   e eine Kerze abbrennen lassen
   f Zucker in Wasser auflösen

2 ↗ Auf den Bildern siehst du Ausgangsstoffe und Produkte. Ordne die Ausgangsstoffe und die Produkte einer chemischen Reaktion zu. Erstelle dazu eine Tabelle. Als Beispiel ist die chemische Reaktion «Feuer verbrennt Holz zu Asche» schon ausgefüllt.

Ausgangsstoffe	Chemische Reaktion	Produkte
Holz, Sauerstoff	Feuer verbrennt Holz zu Asche.	Asche, Kohlenstoffdioxid (im Rauch)

3 ↗ Kennst du weitere chemische Reaktionen? Schreibe zwei Reaktionen, die Ausgangsstoffe und die Produkte auf.

4 Bearbeite ▶ **AM 7.1** und lerne weitere chemische Reaktionen kennen.

Eigenschaften von chemischen Reaktionen

▶ **AM 7.2** Eisenwolle verändert sich
▶ **OM 7.2** Streichhölzer verbrennen
▶ **TB 1** Experimentierprozess

Chemische Reaktionen folgen Gesetzen und haben Eigenschaften. Ein sehr wichtiges Gesetz ist der Massenerhaltungssatz. In diesem Unterkapitel lernst du den Massenerhaltungssatz und vier Eigenschaften von chemischen Reaktionen kennen.

Bild 1 Chemische Reaktion Feuer

Der Massenerhaltungssatz: Bei chemischen Reaktionen verschwinden keine Teilchen! Die Masse bleibt erhalten.

Betrachte zum Beispiel die chemische Reaktion Feuer (Bild 1). Beim Feuer wird Holz in Asche umgewandelt. Wenn man das Holz zuvor und die Asche danach wägt, stellt man fest, dass das Holz schwerer ist als die Asche. Und doch geht bei dieser chemischen Reaktion nichts verloren, denn man muss alle Ausgangsstoffe und alle Produkte berücksichtigen. Die Ausgangsstoffe sind das Holz und der Sauerstoff in der Luft. Die Produkte sind die Asche und das Kohlenstoffdioxid in der Luft. Um die Massenerhaltung zu zeigen, müsste vor dem Feuer das Holz mit dem Sauerstoff in der Luft und nach dem Feuer die Asche mit Kohlenstoffdioxid in der Luft in einem grossen geschlossenen Raum gewogen werden.

> **1** Führe mit ▶ **OM 7.2** das Experiment zur Verbrennung von Streichhölzern durch.

Bild 2 Initiierte Reaktion: Ein Streichholz wird durch Reibung entzündet.

Chemische Reaktionen können von selbst ablaufen oder initiiert werden

Einige chemische Reaktionen laufen bei Raumtemperatur **spontan**, also wie von selbst ab. Zum Beispiel läuft die Reaktion der Brausetablette mit dem Wasser spontan ab. Viele chemische Reaktionen laufen bei Raumtemperatur aber nicht spontan ab, sondern müssen «angestossen» oder **initiiert** werden. Zum Beispiel muss ein Streichholz an der Schachtel gerieben werden, bevor es zu brennen beginnt (Bild 2). Das Streichholz entzündet sich nicht spontan in der Schachtel.

Bild 3 Langsame chemische Reaktion: Ein Auto rostet.

Chemische Reaktionen können schnell oder langsam ablaufen

Chemische Reaktionen können unterschiedlich schnell ablaufen. Zum Beispiel ist ein Feuer eine schnelle chemische Reaktion. Das Rosten eines alten Fahrzeugs ist eine langsame chemische Reaktion (Bild 3).

> **2** Führe ein Experiment zu langsamen chemischen Reaktionen durch (▶ **AM 7.2**).

Bild 4 Die chemische Reaktion im Akku benötigt elektrische Energie.

Bei chemischen Reaktionen kann Energie abgegeben oder benötigt werden

Einige chemische Reaktionen geben nach dem Start thermische Energie und Strahlungsenergie ab, wie zum Beispiel bei einem brennenden Zündholz oder einem Feuer. Aber andere chemische Reaktionen benötigen dauernd Energie, damit sie ablaufen. Zum Beispiel benötigt das Laden eines Akkus dauernd elektrische Energie, damit die chemische Reaktion im Akku ablaufen kann (Bild 4). Steht keine elektrische Energie mehr bereit, stoppt die chemische Reaktion im Akku.

Chemische Reaktionen können einfach oder retour ablaufen

Grundsätzlich lassen sich alle chemischen Reaktionen umkehren. Aber bei einigen chemischen Reaktionen ist es praktisch unmöglich, sie umzukehren. Solche chemischen Reaktionen nennen wir **«einfach»**. Zum Beispiel kann aus der Asche und den Gasen nicht wieder ein Streichholz entstehen.

Andere chemische Reaktionen lassen sich leicht umkehren und können in beide Richtungen ablaufen. Solche chemischen Reaktionen nennen wir **«retour»**. Wenn man zum Beispiel Rotkohl in Wasser kocht, wird das Rotkohlwasser blau (Bild 5a). Gibt man Essig in das Rotkohlwasser, läuft eine chemische Reaktion ab und das Rotkohlwasser wird rot (Bild 5b). Wenn man dann Natron dazu gibt, läuft die chemische Reaktion «retour» ab und das Rotkohlwasser wird wieder blau (Bild 5c).

Bild 5 Die Farbveränderungen von Rotkohlsaft (a) bei Zugabe von Essig (b) und dann Natron (c)

---

3 ↗ Beschreibe die chemischen Reaktionen von Unterkapitel 7.1 mit ihren Eigenschaften. Verwende dazu das folgende Schema.

Ausgangsstoffe	Chemische Reaktion			Produkte
☐ fest	☐ spontan	oder	☐ initiiert	☐ fest
☐ flüssig	☐ schnell	oder	☐ langsam	☐ flüssig
☐ gasförmig	☐ Energie abgeben	oder	☐ Energie benötigen	☐ gasförmig
	☐ einfach	oder	☐ retour	

Tipp Bei manchen Reaktionen kann man einige Eigenschaften nicht erkennen. Kreuze in diesen Fällen nichts an.

⚑ **Gut zu wissen**

In NaTech 8 erfährst du mehr über diese chemischen Reaktionen.

Energie bei chemischen Reaktionen

▶ **AM 7.3** Energie bei chemischen Reaktionen
▶ **AM 7.4** Chemie der Kerzenflamme
▶ **TB 1** Experimentierprozess

In diesem Unterkapitel werden drei Szenarien zu Energieumwandlungen bei chemischen Reaktionen vorgestellt.

Energie zur Aktivierung

Einige chemische Reaktionen laufen bei Raumtemperatur nicht spontan ab. Diese chemischen Reaktionen benötigen zusätzliche Energie, damit sie starten können. Die Energie zum Starten einer chemischen Reaktion heisst **Aktivierungsenergie**. Zum Beispiel muss der Kerze mit dem Streichholz zuerst von aussen Aktivierungsenergie zugefügt werden (Bild 1). Danach brennt die Kerze ohne weitere Energiezufuhr weiter.

🚩 **Gut zu wissen**

Das Energiewürfelszenario wird in Unterkapitel 5.6 erklärt.

 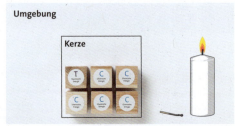

Bild 1 Energiewürfelszenario zum Anzünden einer Kerze

Energie abgeben

Bei einigen chemischen Reaktionen haben die Produkte weniger Energie als die Ausgangsstoffe. Dabei wird Energie an die Umgebung abgegeben, meistens in Form von thermischer Energie, Strahlungsenergie oder elektrischer Energie. Zum Beispiel wird beim Brennen einer Kerze die chemische Energie des Kerzenwachses in thermische Energie, Strahlungsenergie und chemische Energie in der Umgebung umgewandelt (Bild 2).

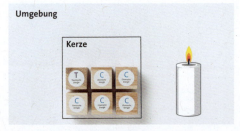 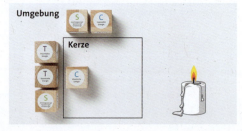

Bild 2 Energiewürfelszenario zu einer brennenden Kerze

Energie benötigen

Wenn bei einer chemischen Reaktion Energie von aussen zugeführt werden muss, haben die Produkte mehr Energie als die Ausgangsstoffe. Dies ist zum Beispiel beim Laden eines Akkus der Fall: Die elektrische Energie aus der Umgebung wird als chemische Energie im Akku gespeichert (Bild 3).

1 Beschäftige dich mit weiteren Energieumwandlungen bei chemischen Reaktionen in ▶ **AM 7.3** und in ▶ **AM 7.4**.

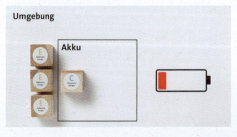 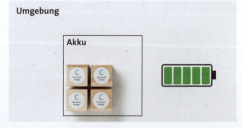

Bild 3 Energiewürfelszenario zum Laden eines Akkus

Fotosynthese

In diesem Unterkapitel geht es um eine der wichtigsten chemischen Reaktionen in der Natur: die Fotosynthese.

▶ **AM 7.5** Fotosynthese untersuchen
▶ **OM 7.5** Woher kommt unser Sauerstoff?
▶ **TB 1** Experimentierprozess

Der Engländer Joseph Priestley hat als Erster die Fotosynthese mit Experimenten erforscht. 1771 hat er festgestellt, dass in einem geschlossenen Glas nach kurzer Zeit sowohl eine Kerze erlischt als auch eine Maus stirbt. Bringt man aber eine Pflanze mit in das Glas, lebt die Maus viel länger (Bild 1). Auch eine Kerze brennt länger, wenn sie zusammen mit einer Pflanze in einem geschlossenen Gefäss ist. Priestley schloss daraus, dass Kerze und Maus den gleichen Bestandteil der Luft benötigen und dass die Pflanze diesen Bestandteil liefert.

 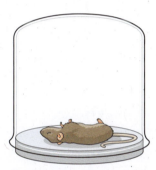 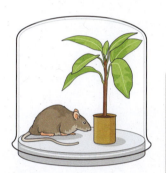

Bild 1 Versuchsanordnung nach Joseph Priestley

> **1** Überlege: Braucht die Pflanze eine Maus, um lange Zeit in dem Glas leben zu können? Begründe deine Überlegungen.

Anders als Priestley weiss man heute genau, welche chemische Reaktion in Pflanzen abläuft: Aus Wasser und dem Kohlenstoffdioxid in der Luft produzieren grüne Pflanzen mithilfe von Energie aus dem Sonnenlicht Traubenzucker und Sauerstoff. Diese chemische Reaktion heisst **Fotosynthese**. Die Fotosynthese und ihre Eigenschaften sind in Bild 2 dargestellt.

Ausgangsstoffe	Chemische Reaktion			Produkte
Wasser, Kohlenstoffdioxid	Fotosynthese			Traubenzucker, Sauerstoff
☐ fest	☐ spontan	oder	☒ initiiert	☒ fest
☒ flüssig	☒ schnell	oder	☐ langsam	☐ flüssig
☒ gasförmig	☐ Energie abgeben	oder	☒ Energie benötigen	☒ gasförmig
	☒ einfach	oder	☐ retour	

Bild 2 Schema der Fotosynthese

Die Fotosynthese geschieht in den Blattgrünkörnern (▶ Unterkapitel 1.5). Pflanzen nutzen den bei der Fotosynthese entstandenen Traubenzucker zum einen, um Bestandteile der Pflanze zu bauen. So kann dank der Fotosynthese aus dem Kohlenstoffdioxid der Luft zum Beispiel Holz entstehen. Zum anderen wird mit dem Traubenzucker chemische Energie in den Pflanzen gespeichert. So gelangt dank der Fotosynthese chemische Energie in die Nahrungskette. Diese chemische Energie wird von Pflanzen und anderen Lebewesen für die Zellatmung genutzt. Bei der **Zellatmung** werden Traubenzucker und Sauerstoff in Wasser und Kohlenstoffdioxid umgewandelt und Energie wird abgegeben. Diese Energie nutzen Lebewesen zum Beispiel für chemische Reaktionen in der Zelle und zum Wachsen.

> **2** Untersuche die Fotosynthese in ▶ **AM 7.5**.

Elemente, Verbindungen und Daltons Atommodell

▶ **TB 23** Text lesen

In den vorigen Unterkapiteln hast du gelernt, wie du chemische Reaktionen mit Ausgangsstoffen und Produkten beschreiben kannst. Ausserdem hast du in Unterkapitel 6.9 eine Übersicht der verschiedenen Bezeichnungen von Stoffen kennen gelernt. In diesem Unterkapitel wirst du diese Stoffe genauer betrachten.

Ein Reinstoff kann ein Element oder eine Verbindung sein

In Kapitel 6 hast du gelernt, dass ein Stoffgemisch in einzelne Reinstoffe aufgetrennt werden kann. Die Reinstoffe kann man mithilfe von Trennverfahren nicht weiter auftrennen. Aber viele Reinstoffe kann man mithilfe von chemischen Reaktionen in andere Reinstoffe zerlegen. Reinstoffe, die man mit einer Reaktion zerlegen kann, nennt man **Verbindungen**. Wenn man einen Stoff chemisch nicht weiter zerlegen kann, ist er ein **Element**. Zum Beispiel lässt sich die Verbindung Wasser chemisch in die Elemente Wasserstoff und Sauerstoff zerlegen.

Jeder Stoff ist aus Atomen aufgebaut: Daltons Atommodell

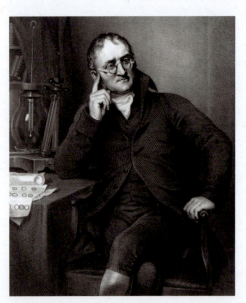

Bild 1 John Dalton (1766–1844)

John Dalton (Bild 1) versuchte als einer der Ersten zu erklären, warum chemische Reaktionen so ablaufen, wie sie es tun. Dalton arbeitete als Lehrer und forschte über das Wetter, die Luft und andere Gase. Er führte viele Experimente mit vielen verschiedenen Elementen durch. Aus seinen Beobachtungen leitete er eine Idee ab, wie die Teilchen, aus denen Stoffe bestehen, aufgebaut sind. Er nannte die kleinsten Grundbausteine der Teilchen **Atome**.

⚑ Gut zu wissen

Das griechische Wort «atomos» bedeutet «unteilbar». Heute weiss man, dass Atome sehr wohl teilbar sind und aus einem Atomkern und einer Atomhülle bestehen.

Dalton leitete vier Regeln über Atome ab:

- Alle gasförmigen, flüssigen und festen Stoffe bestehen aus Atomen. Atome sind kleinste Kugeln und lassen sich nicht weiter teilen.
- Alle Atome eines Elements haben die gleiche Grösse und die gleiche Masse.
- Die Atome von unterschiedlichen Elementen haben unterschiedliche Grössen und unterschiedliche Massen. Es gibt also genauso viele Atomsorten wie Elemente.
- Atome können bei chemischen Reaktionen weder zerstört noch erschaffen werden. Bei chemischen Reaktionen werden die Atome der Ausgangsstoffe in ganzzahligen Verhältnissen nur neu angeordnet.

Seit dem Mittelalter träumten Alchemisten davon, Metalle in Gold zu verwandeln. Die Atomtheorie von Dalton liess diese Träume platzen. Nur wenn die Goldatome bereits in den Ausgangsstoffen vorhanden sind, kann über aufwendige chemische Reaktionen reines Gold als Produkt gewonnen werden.

Atommassen bestimmen

Dalton konnte die Massen der verschiedenen Atomsorten noch nicht genau bestimmen. Aber er wusste schon, dass das Wasserstoffatom das leichteste Atom ist, und gab ihm die Massenzahl 1. Er fand über viele Experimente und Berechnungen heraus, wie viel Mal schwerer andere Elementatome im Vergleich zum Wasserstoffatom waren. Zum Beispiel ist ein Stickstoffatom etwa 14-mal schwerer als ein Wasserstoffatom. Es bekam nach Dalton also die Massenzahl 14. Viele Chemikerinnen und Chemiker haben danach weitere Elemente gefunden und ihre Massenzahlen berechnet. Auch wenn die Zahlen noch sehr ungenau waren, konnte mit der Zeit Ordnung in die chemischen Elemente gebracht werden. Zum Beispiel hat ein Calciumatom (Bild 2) eine geringere Masse als ein Eisenatom (Bild 3) und ein Eisenatom eine geringere Masse als ein Kupferatom (Bild 4).

Bild 2 Calcium

Bild 3 Eisen

Bild 4 Kupfer

Bei chemischen Reaktionen werden die Atome neu angeordnet

Heute weiss man, dass die Atome in jedem Stoff auf ganz bestimmte Weise angeordnet sind. Nur bei einigen ganz bestimmten Gasen bewegen sich die Atome einzeln und frei umher. Bei allen anderen Stoffen, egal ob Elemente oder Verbindungen, sind die Atome auf bestimmte Weise angeordnet. In Bild 5 siehst du die Reaktion von Eisen mit Schwefel nach der Atomvorstellung von Dalton.

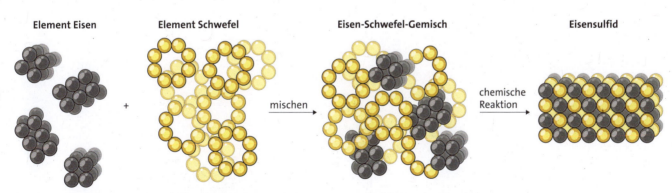
Bild 5 Reaktion von Eisen mit Schwefel zu Eisensulfid

1 Beschreibe mit deinen eigenen Worten den Verlauf der chemischen Reaktion in Bild 5.

2 Erkläre mit Bild 5 den Unterschied zwischen einem Gemisch und einer Verbindung.

3 Erkläre mithilfe von Bild 5 und Daltons Atommodell, warum die Gesamtmasse bei einer chemischen Reaktion immer gleich bleiben muss.

Das Periodensystem der Elemente

▶ **AM 7.6** Elemente anordnen

Im Periodensystem der Elemente sind die Elemente nach einem bestimmten Prinzip angeordnet. Wie die Elemente angeordnet sind, lernst du in diesem Unterkapitel.

Die Entstehung unseres Periodensystems der Elemente

Vor etwa 150 Jahren waren bereits viele Elemente bekannt. Viele Forschende in vielen Ländern haben dazu beigetragen, die Massen und Eigenschaften der Elemente herauszufinden. Der deutsche Chemiker Johann Wolfgang Döbereiner bildete aus 30 Elementen Dreiergruppen mit Elementen mit ähnlichen Eigenschaften. Er nannte sie Triaden. Der englische Chemiker John Newlands fand heraus, dass immer nach acht Elementen wieder ein Element mit ähnlichen Eigenschaften auftaucht, wenn die Elemente nach ihrer Masse geordnet werden (Bild 1).

Bild 1 Elemente nach ihrer Masse angeordnet. Gleiche Farben bedeuten ähnliche Eigenschaften.

Auf diesen Grundlagen haben der russische Chemiker Dmitri Mendelejew (Bild 2) und der deutsche Chemiker Lothar Meyer (Bild 3) 1869 fast zeitgleich und unabhängig voneinander eine Ordnung für die Elemente vorgeschlagen: das Periodensystem der Elemente (PSE).

Mendelejew und Meyer fügten die Elemente nach ihrer Atommasse geordnet so in eine Tabelle ein, dass daraus ihre Eigenschaften erkennbar wurden. Elemente mit ähnlichen Eigenschaften erschienen in Spalten untereinander. Mendelejew erkannte auch, dass einige Elemente noch nicht entdeckt waren, und konnte deren Eigenschaften voraussagen. Damit war es möglich, die Richtigkeit seines Periodensystems der Elemente an einigen Stellen zu überprüfen.

Erst 1913 konnte der Engländer Henry Moseley die Richtigkeit des kompletten Periodensystems der Elemente bestätigen, indem er die Atomkerne untersuchte.

⚑ **Gut zu wissen**

Mehr über Atomkerne lernst du in NaTech 9, Kapitel 2.

Bild 2 Dmitri Mendelejew (1834–1907)

Bild 3 Lothar Meyer (1830–1895)

Die Gallium-Vorhersage

Mendelejew erkannte Lücken in seinem System. Daraus schloss er, dass diese Elemente noch nicht gefunden worden waren. Aus Informationen über die vorangehenden und nachfolgenden Elemente konnte er viele Eigenschaften der fehlenden Elemente bestimmen. So erkannte er, dass in die Lücke zwischen Zink und Germanium ein Element mit ähnlichen Eigenschaften wie Aluminium gehört. Er konnte die Atommasse, den Schmelzpunkt und einige weitere Eigenschaften voraussagen. Schliesslich fand ein französischer Chemiker dieses Element und taufte es Gallium (Bild 4).

Bild 4 Gallium

1   Erkläre mithilfe der Informationen aus diesem Unterkapitel, warum das Ordnungssystem von Mendelejew und Meyer von unglaublicher Bedeutung war, um neue Elemente zu finden.

2   Entwirf selbst ein Periodensystem der Elemente in ▶ **AM 7.6**.

Wasserstoff war das erste Element

Vor etwa 13 Milliarden Jahren entstand das Universum. Nach kurzer Zeit bildete sich das erste Element: Wasserstoff. Wasserstoff ist in der Natur gasförmig. Aus den Wasserstoff-Gaswolken bildeten sich Sterne, die in ihrem Innern aus Wasserstoffatomen Heliumatome erzeugen. In einem sterbenden Stern werden weitere Elemente erzeugt. Aus Überresten dieser Sterne entstehen gewaltige Staubwolken voller verschiedener Elemente. Aus solchen Wolken entstand vor etwa 4.5 Milliarden Jahren auch unser Sonnensystem und mit ihm die Erde. Auch heute noch entstehen aus solchen gewaltigen Staubwolken neue Sterne und Planeten, zum Beispiel aus dem Orionnebel (Bild 5).

Bild 5 Orionnebel im Sternbild Orion

3   Es gibt Menschen, die behaupten, alles sei «nur» Sternenstaub. Haben sie recht? Begründe deine Antwort.

Das Periodensystem erkunden

▶ **AM 7.7** Eigenschaften von Stoffen
▶ **TB 30** PSE

In diesem Unterkapitel lernst du das Periodensystem der Elemente genauer kennen.

Wie ist das Periodensystem der Elemente (PSE) aufgebaut?

Jedes Element im Periodensystem der Elemente (PSE) trägt eine Nummer von 1 bis 118. Wasserstoff hat die Nummer 1, Oganesson hat die Nummer 118. Diese Nummer der Elemente heisst **Ordnungszahl**. Am Beispiel Wasserstoff siehst du in Bild 1, was zu jedem Element im PSE angegeben wird. Am oberen Rand sind immer die Angaben zum Atom (1) dargestellt. Am grössten ist das Symbol (2) für jedes Element angegeben. Das Symbol für Wasserstoff ist H. Links neben dem Symbol steht die Atommasse (3). Die Einheit der Atommasse ist Gramm pro Mol ($\frac{g}{mol}$). Das **Mol** ist eine Bezeichnung für die Zahl 602 200 000 000 000 000 000 000. Das sind über 600 Trilliarden, also eine unvorstellbar grosse Zahl. Wasserstoff hat eine Atommasse von $1.0 \frac{g}{mol}$. Das heisst: 1 Mol Wasserstoffatome, also 602 200 000 000 000 000 000 000 Wasserstoffatome, wiegen genau 1 Gramm. Unter der Atommasse steht die Ordnungszahl (4).

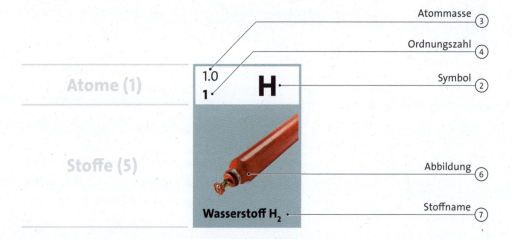

Bild 1 Wasserstoff im Periodensystem der Elemente (PSE)

> **Gut zu wissen**
>
> Wegen des lateinischen Namens Hydrogenium werden Wasserstoffatome mit H bezeichnet. Die Wasserstoffgas-Teilchen bestehen aus zwei Wasserstoffatomen. Wasserstoff-Gas wird deshalb mit H_2 bezeichnet.

Unter den Angaben zum Atom (1) sind die Angaben zum Stoff (5) dargestellt. Die Abbildung (6) in der Mitte zeigt entweder das Element oder einen Gegenstand, der aus diesem Element besteht oder es enthält. Bei gasförmigen Stoffen wie Wasserstoff wird immer eine Gasflasche abgebildet. Bei radioaktiven Stoffen ist das Zeichen für Radioaktivität abgebildet. Bei Elementen, deren Strukturform Moleküle sind, steht beim Stoffnamen auch die Formel wie bei H_2 bei Wasserstoff.

> 1 ↗ Schlage das Periodensystem der Elemente (PSE) auf (▶ **TB 30 PSE**).
> Suche dir drei Elemente aus und schreibe die folgenden Angaben auf:
> Symbol, Atommasse, Ordnungszahl, Stoffname.

Gruppen und Perioden

Bild 2 zeigt das komplette Periodensystem der Elemente (PSE). Die Zeilen des PSE heissen **Perioden**. Es gibt insgesamt 7 Perioden. In der zweiten und dritten Periode findest du Newlands' Oktaven aus Unterkapitel 7.6 wieder. Die Perioden weiter unten sind länger.

Die Spalten heissen **Gruppen**. Sie werden heute von 1 bis 18 nummeriert. Früher war die Einteilung in die Hauptgruppen IA bis VIIIA und die Nebengruppen IB bis VIIIB üblich. In den Gruppen findest du Döbereiners Triaden von oben nach unten angeordnet.

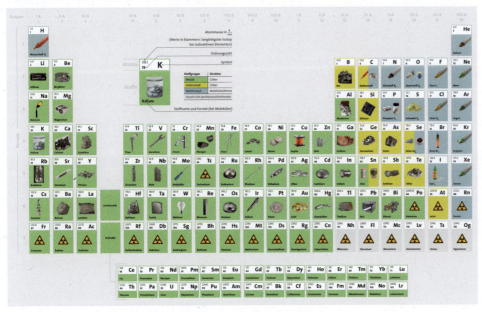

Bild 2 Das Periodensystem der Elemente (PSE)

↗ Bearbeite die folgenden Aufträge mithilfe von ▶ **TB 30 PSE**.

2 Wasserstoff (H) ist das Element mit der Ordnungszahl 1, Sauerstoff (O) hat die Ordnungszahl 8. Finde die Ordnungszahlen von Kohlenstoff (C), Eisen (Fe), Silber (Ag) und Gold (Au). Schreibe die Ordnungszahlen auf.

3 Zwölf Elemente wurden nach grossen Wissenschaftlerinnen und Wissenschaftlern benannt. Darunter Albert Einstein, Nikolaus Kopernikus, Marie Curie, Alfred Röntgen, Lise Meitner und Dmitri Mendelejew. Finde ihre Elemente. Schreibe die Stoffnamen und die Ordnungszahlen auf.

4 Viele Elemente sind Metalle. Metalle sind im PSE grün und Halbmetalle gelb hinterlegt. Nichtmetalle sind blau hinterlegt. Zähle die Nichtmetalle und schreibe auf, wie viele es sind.

5 Edelgase haben ihren Namen erhalten, weil sie keine chemischen Reaktionen eingehen. Sie sind in der 18. Gruppe zu finden. Schreibe die Namen der Edelgase auf.

6 Die Elemente sind im Periodensystem nach der Atommasse geordnet, es gibt aber einige Ausnahmen. Finde drei davon. Schreibe ihre Namen und ihre Ordnungszahlen auf.

Teste dein Können

↗

1 **a** Schreibe drei chemische Reaktionen auf, die du aus dem Alltag kennst.
b Schreibe vier Eigenschaften von chemischen Reaktionen auf.
c Schreibe die Eigenschaften der chemischen Reaktionen von Auftrag a auf.

2 Beschreibe anhand eines Beispiels den Unterschied zwischen einer Reaktion, die Energie benötigt, und einer Reaktion, die Aktivierungsenergie benötigt.

3 Damit eine Kerze zu brennen beginnt, musst du sie zuerst mit einem Streichholz entzünden. Mit dem Streichholz wird die chemische Reaktion gestartet. Nenne die Eigenschaften dieser Reaktion.

4* Beim Kuchenbacken sorgt die chemische Reaktion des Backpulvers dafür, dass Kohlenstoffdioxid entsteht und der Teig «aufgeblasen» wird. Beschreibe diese Reaktion mit dem Schema, das du in Unterkapitel 7.2 in Auftrag 3 kennen gelernt hast.

5 Beschreibe in deinen eigenen Worten, was die Fotosynthese ist.

6* Ozon O_3 ist ein Gas, das in der Erdatmosphäre vorkommt.
a Ist Ozon ein Reinstoff, ein Element oder sogar beides? Begründe deine Antwort.
b Zeichne ein Bild von O_3, wie es sich Dalton vorgestellt hätte.

7 Beantworte mithilfe von ▶ TB 30 PSE die folgenden Fragen:
a Welche Elemente befinden sich in der 17. Gruppe? Schreibe die Symbole und Ordnungszahlen auf.
b Ordne die Atommassen von Aluminium (Al), Silber (Ag) und Gold (Au).
c Wie viel Mal schwerer als Wasserstoff (H) sind Kohlenstoff (C) und Sauerstoff (O)? Schreibe es auf.
d Schreibe die Namen der Elemente Cl, Fe, N und Na auf.

Register

A

Abfall 97, 104
Absorption, absorbieren 83
Abwehr 28
Adaption 56
Adsorption, adsorbieren 103
Aggregatzustand
 – fest **101**, 106, 107
 – flüssig **101**, 106, 107
 – gasförmig **101**, 106, 107
Agonist 23
Akkommodation 54
Aktivierungsenergie *siehe Energie*
Antagonist 23
Aroma 44
Arterie **30**–32
Atmung **26**, 27, 34
 – Bauchatmung 26
 – Brustatmung 26
Atom **118**, 119, 122
Atommasse **119**–122
Ausgangsstoff **112**–119

B

Bänder 23
Bau und Funktion innerer Organe 26, 27, 32
Befruchtung **36**–39
Beobachtung, naturwissenschaftliche 8
Bewegung
 – beschleunigte 64, 65, **70**
 – gleichförmige 64, 65, **68**, 69
 – verzögerte 64, 65, **71**
Bewegung (Muskel) **22**, 23
Bewegungsapparat 22, 23
Bewegungsenergie *siehe Energie*
Bewegungsnerv **45**, 47
Blattgrünkörner 14, **15**, 117
Blinder Fleck 56
Blut 24–33, 35, 36, 38
 – Blutgerinnung **29**, 33
 – Blutkreislauf 30, 35
 – Blutplasma **28**, 29
 – Blutplättchen 28, **29**
Blutzellen 22
 – rote 28, **29**, 30, 31
 – weisse 28, **29**
Botenstoff 29, 38
brennbar 100
Brennpunkt 52, 53
Bronchie 26

C

Chemikalien **92**, 93, 96, 97
Chemische Energie *siehe Energie*
Chemische Reaktion *siehe Reaktion*
Chromatografie, chromatografieren 103

D

Denkmodell *siehe Modell*
Destillat 103
Destillation, destillieren 103
Destillationsapparatur 98
Dichte 99

E

Edelgase 123
Elektrische Energie *siehe Energie*
Element **118**–121
Energie, Energieform
 – Aktivierungsenergie 116
 – Bewegungsenergie **76**–81, 84, 85
 – Chemische Energie 15, 17, **76**, 79–81, 84, 86, 116, 117
 – Elektrische Energie **76**, 78, 79, 81, 84, 114, 116
 – Lageenergie **76**, 77, 84, 85
 – Spannenergie **76**, 80, 84
 – Strahlungsenergie 15, 17, **76**, 78, 79, 84, 86, 114, 116
 – Thermische Energie **76**, 78–80, **82**–84, 86, 87, 114, 116
Energieentwertung **78**, 79, 87
Energieerhaltung 80, 84
Energieträger 74, **80**
Energietransport 82, 83, 85
Energieumwandlung 74, 76–79, 84, **85**, 87, 117
 – Energieumwandlungsketten 79
 – Energiewandler 79
Energiewürfel, Energiewürfelszenario **84**–86, 116
Energiewürfelmodell *siehe Modell*
Einnistung 38
Eizelle **36**–39
Element **118**–122
Empfindungsnerv **45**, 47
Erkenntnis **8**, 10
Experimentieren, naturwissenschaftliches 8
Experimentierprozess 8
Extrakt 102
Extraktion, extrahieren 102

F

Fettgewebe 20
Filtrat **102**, 109
Filtration, filtrieren **102**, 109
Flamme
 – leuchtende 95
 – rauschende 95
Fortpflanzung 36, 38
Fotosynthese 117
Funktionsweise einfacher technischer Geräte 9

G

Gallensaft 35
Gefahrensymbole *siehe GHS (Globally Harmonized System)*
Gegenspielerprinzip 23
Gehirn 24, **45**, 47, 50, 53, 57
Gehörgang 50
Gehörknöchelchen 50
Gelber Fleck **56**, 58
Gelenk **22**, 23
Gelenkflüssigkeit 23
Gelenkspalt 23
Gemisch **102**, 103, 105
 – heterogen 105
 – homogen 105
Geruch 44
Gesamtvergrösserung 13
Geschmack 44
Gesetzmässigkeiten, anatomische und physiologische 22, 23, 26, 27
GHS (Globally Harmonized System) 92, **96**
Glaswaren 98
Gleichgewichtsorgan 50
Gruppen *siehe Periodensystem*

H

Hämoglobin 29
Harnblase 25, 34, **35**, 36, 37
Harnleiter 34, **35**, 36, 37
Haut 20, 34, 46, 47
Herz 22, 26, **30**–33
Herzkranzgefässe 33
Hören **48**–50
 – räumliches 48
 – Richtungshören 48
 – Stereohören 48
Hormon
 – Sexualhormon **36**–38
Hörnerv 50
Hornhaut **53**, 55
Hornhautverkrümmung 55
Hörschnecke 50
Hörschwelle 51

I

Iris 56
Isolation 82

J

Joule (J) 80

K

Kapillare 24, 27, **31**, 35
Keimblatt **16**, 17
Keimung 17
Kilojoule (kJ) 80
Kilokalorie (kcal) 80
Kleine Pflanze **16**, 17
Knochen 20, 22, **23**

Knorpel 23
Körperkreislauf **30**–32
Kunststoffgeräte 98
Kurzsichtigkeit 55

L

Lageenergie *siehe Energie*
Leber 25, 35
Lichtbündel 52
Lichtstrahl **52**–54, 56
Linse
   – konkave 52
   – konvexe 52
löslich 102
Lösungsmittel 96, 97, 102, 103
Luftröhre 25, **26**
Lunge 20, 22, 25–27, 30, 32, 34
Lungenbläschen **26**, 27, 30
Lungenflügel 26
Lungenkreislauf **30**, 32
Lupe **12**, 13, 52

M

Membran **49**, 50
Menstruationsblutung 38
Menstruationszyklus 38
Metall 82, 97, 99, 105
Mikroskop **12**–15, 52
Modell
   – Denkmodell 106
   – Energiewürfelmodell 84
   – Teilchenmodell **106**–108
Mol 122
Muskel 20, **22**, 23, 30, 31, **45**, 47, 56
Muskelfaser 22, 24

N

Nervenimpulse **45**, 47, 50, 53
Netzhaut **53**, 54, 56–59
Nichtmetall 105
Niere 25, 34, 35

O

Oberflächenvergrösserung 27
Objektiv 12, **13**
Objektivvergrösserung 13
Ohrmuschel 50
Okular 12, **13**
Okularvergrösserung 13
Öl 97
Ordnungszahl 122
Östrogen 37–**39**

P

Parabel 70
Perioden *siehe Periodensystem*
Periodensystem 120–**123**
   – Gruppen 123
   – Perioden 123
Pflanzenentwicklung 16, 17
Pflanzenwachstum 16, 17
Produkt **112**, 114, 116
Progesteron 37–**39**
Protein **22**, 28, 29
Pupille **53**, 56–58

Q

Quellung **16**, 17

R

Reaktion
   – bewusst **45**, 46
   – chemische 79, 81, 86, **112**–119
   – einfach 115
   – initiiert 114
   – retour 115
   – spontan **114**, 116, 117
   – unbewusst **45**, 46
Reaktionsschema in Worten 114–117
Recycling 104
Reflex 46, **47**
Reinstoff **105**, 118
Richtungshören *siehe Hören*

S

Samenhaut **16**, 17
Sammellinse 52
Schadensgrenze (Hören) 51
Schall **49**, 50
Schallpegel 51
Schallquelle **49**, 51
Schmelzpunkt 101
Schmerzgrenze (Hören) 51
Schwermetall 97
Sehne 23
Sehnerv **53**, 56
Siedepunkt **101**, 103
Sinneszelle 44, 45, 47, **50**, 53, 56, 58, 59
Spannenergie *siehe Energie*
Spermium **36**, 39
Stäbchen **56**, 58
Stereohören *siehe Hören*
Stoff, chemisch **90**, 92, 97, 99–101
Stoffabgabe 25
Stoffaufnahme 25
Stoffgemisch *siehe Gemisch*
Stofftransport 25, **28**–31, 34
Stoffumwandlung 24, **25**
Stoffwechsel 24
Strahlungsenergie *siehe Energie*

T

Teilchenmodell *siehe Modell*
Thermische Energie *siehe Energie*
Thrombose 33
Thrombus 33
Transport *siehe Stofftransport*
Trommelfell 50

V

Vene 30, **31**
Verbindung **118**, 119, 122
Verdauungsorgane 25
Verhütung 11, 36, 38, 39

W

Wärmeleiter 82
Wärmeleitung **82**, 83, 87
Wärmestrahlung 82, **83**, 87
Wärmeströmung 82, **83**, 87
Weitsichtigkeit 55

Z

Zapfen **56**, 58
Zellatmung 117
Zelle 14, **15**, 22, 24–26, 28–31, 33–35
Zellwand 14, **15**
Zerstreuungslinse 52
Zustandsänderungen 107, 108